1921-2021
厦门大学
XIAMEN UNIVERSITY

厦门大学百年校庆系列出版物

百年院系史系列

厦门大学
航空航天学院院史

主　编　王康平　尤延铖

厦门大学出版社 XIAMEN UNIVERSITY PRESS
国家一级出版社
全国百佳图书出版单位

图书在版编目(CIP)数据

厦门大学航空航天学院院史/王康平，尤延铖主编.—厦门：厦门大学出版社，2021.3

(百年院系史系列)

ISBN 978-7-5615-8107-0

Ⅰ.①厦…　Ⅱ.①王…　②尤…　Ⅲ.①厦门大学航空航天学院—院史　Ⅳ.①G649.285.73

中国版本图书馆 CIP 数据核字(2021)第 045369 号

出 版 人　郑文礼
责任编辑　郑　丹
封面设计　李嘉彬
技术编辑　许克华

出版发行　厦门大学出版社
社　　址　厦门市软件园二期望海路 39 号
邮政编码　361008
总　　机　0592-2181111　0592-2181406(传真)
营销中心　0592-2184458　0592-2181365
网　　址　http://www.xmupress.com
邮　　箱　xmup@xmupress.com
印　　刷　厦门集大印刷厂

开本　720 mm×1 000 mm　1/16
印张　14.5
插页　2
字数　252 千字
版次　2021 年 3 月第 1 版
印次　2021 年 3 月第 1 次印刷
定价　42.00 元

本书如有印装质量问题请直接寄承印厂调换

厦门大学出版社
微信二维码

厦门大学出版社
微博二维码

本书编委会

总　序

厦门大学 | 党委书记　张　彦
校　　长　张　荣

2021年4月6日，厦门大学百年华诞。百载风雨，十秩辉煌，这是厦门大学发展的里程碑，继往开来的新起点。全校师生员工和海内外校友满怀深情地期盼这一荣耀时刻的到来。

为迎接百年校庆，学校在三年前就启动了“百年校庆系列出版工程”的筹备工作，专门成立“厦门大学百年校庆系列出版物编委会”，加强领导，统一部署。各院系、部门通力合作，众多专家学者和相关单位的工作人员全身心地参与到这项工作之中。同志们满怀高度的责任感和紧迫感，以“提升质量，确保进度，打造精品”为目标，争分夺秒，全力以赴，使这项出版工程得以快速顺利地进行。在这个重要的历史时刻，总结厦大百年奋斗历史，阐扬百年厦大“四种精神”，抒写厦大为伟大祖国所做出的突出贡献，激发厦大人的自豪感和使命感，无疑是献给百岁厦大最好的生日礼物。

“百年校庆系列出版工程”包括组织编撰百年校史、百年组织机构史、百年院系史、百年精神文化、百年学术论著选刊、校史资料与学生名录……有多个系列近150种图书将与广大读者见面。从图书规模、涉及领域、参编人员等角度看，此项出版工程极为浩大。这些出版物的问世，将为学校留下大量珍贵的历史资料，为学校深入开展校史教育提供丰富生动的素材，也将为弘扬厦门大学“自强不息，止于至善”校训精神注入时代的新鲜血液，帮助人们透过“中国最美大学校园”

的山海空间和历史回响，更加清晰地理解厦门大学在中国发展进程中发挥的独特作用、扮演的重要角色，领略“南方之强”的文化与精神魅力。

百年校庆系列出版物将多方呈现百年厦大的精彩历史画卷。这些凝聚全校师生员工心血的出版物，让我们感受到厦大人弦歌不辍的精神风貌。图文并茂的《厦门大学百年校史》，穿越历史长廊，带领我们聆听厦大不平凡百年岁月的历史足音。《为吾国放一异彩——厦门大学与伟大祖国》浓墨重彩地记述厦门大学与全国34个省级行政区以及福建省九市一区一县血浓于水的校地情缘，从中可以读出厦门大学在中华民族伟大复兴征程中留下的深深烙印。参与面最广的“厦门大学百年院系史系列”、《厦门大学百年组织机构史》，共有30多个学院和直属单位参与编写，通过对厦门大学各学院和组织机构发展脉络、演变轨迹的细致梳理，深入介绍厦门大学的党建工作、学科建设、人才培养、组织管理、社会服务等方面的发展历程，展示办学成就，彰显办学特色。《厦门大学校史资料选编（1992—2017）》和《南强之星——厦门大学学生名录（2010—2019）》，连同已经出版的同类史料，将较完整、翔实地展现学校发展轨迹，记录下每位厦大学子的荣耀。“厦门大学百年精神文化系列”涵盖人物传记和校园风采两大主题，其中《陈嘉庚传》在搜集大量史料的基础上，以时代精神和崭新视角，生动展现了校主陈嘉庚先生的丰功伟绩。此次推出《林文庆传》《萨本栋传》《汪德耀传》《王亚南传》四部厦门大学老校长传记，是对他们为厦大发展所做出的突出贡献的深切缅怀。厦大校友、红军会计制度创始人、中国共产党金融事业奠基人之一高捷成的传记《我的祖父高捷成》，则是首次全面地介绍这位为中国人民解放事业做出杰出贡献的烈士的事迹。新版《陈景润传》，把这位“最美奋斗者”、“感动中国人物”、令厦大人骄傲的杰出校友、世界著名数学家不平凡的人生再次展现在我们眼前。抒写校园风采的《厦门大学百年建筑》、《厦门大学餐饮百年》、《建南大舞台》、《芙蓉园里尽芳菲》、《我的厦大老师》（百年华诞纪念专辑）、《创新创业厦大人2》、

《志愿之光》、《让建南钟声传响大山深处》、《我的厦大范儿》以及潘维廉的《我在厦大三十年》等，都从不同的角度，引领我们去品读厦门大学的真正内涵，感受厦门大学浓郁的人文精神和科学精神。

此次出版的“厦门大学百年学术论著选刊”，由专家学者精选，重刊一批厦大已故著名学者在校工作期间完成的、具有重要价值的学术论著（包括讲义、未刊印的论著稿本等），目的在于反映和宣传厦门大学百年来的学术成就和贡献，挖掘百年来厦门大学丰厚的历史积淀和传统资源，展示厦门大学的学术底蕴，重建“厦大学派”，为学校“双一流”建设提供学术传统的支撑。学校将把这项工作列入长期规划，在百年校庆时出版第一辑共40种，今后还将陆续出版。

“自强！自强！学海何洋洋！”100年前，陈嘉庚先生于民族危难之际，抱着“教育为立国之本，兴学乃国民天职”的信念，创办了厦门大学这所中国历史上第一所由华侨独资建设的大学。100年来，厦大人秉承“研究高深学术，养成专门人才，阐扬世界文化”的办学宗旨，在实现中华民族伟大复兴的征程上书写自己的精彩篇章。我们相信，当百年校庆的欢庆浪潮归于平静时，这些出版物将会是一串串熠熠生辉的耀眼珍珠，成为记录厦门大学百年奋斗之旅的永恒坐标，成为流淌在人们心中的美好记忆，并将不断激励我们不忘初心继承传统，牢记使命乘风破浪，向着中国特色世界一流大学目标奋勇前行！

张彦 张荣

2020年12月

厦门大学百年院系发展概述

朱水涌

100年在历史长河中只是短暂的一瞬，但对于一所中国现代大学以及这所大学的学院科系来说，则意味着经历过极不平凡的历程。百年学府沧桑、十秩院系辉煌，为迎接厦门大学建校百年华诞，学校决定编撰出版“厦门大学百年院系史”系列，梳理淬炼院系的建设发展历程，以史为鉴，彰往考来，将院系的昨天、今天与明天联系在一起，发扬踔厉，这是一件极富建设意义与厦大特色的历史性工程。

一

20世纪初的中国，正如校主陈嘉庚所言：“吾国今处在列强肘腋之下，成败存亡千钧一发。”就在这千钧一发之际，为救国而创办大学成为一道时代的特别风景。马相伯因“慨自清廷外交凌智”而创办震旦学院（复旦前身）[①]，南开大学的创办者因国家的“贫弱”是因为“教育未能发展”而创立南开[②]，唐文治执掌交通大学砥砺第一等人才，目的就是“宏济艰难，救我中国”[③]。厦门大学校主陈嘉庚则在《筹办厦门大学演讲词》中直截了当地指出：“今日国势危如累卵，所赖以维持者，惟此方兴之教育与未死之民心耳。”出自民族救亡而诞生的中国现代大学，在她向欧美学习现代大学的办学时，一开始便融入了民族救

① 《复旦大学百年志》编纂委员会：《复旦大学百年志（1905—2005）》，复旦大学出版社2005年版，第9页。

② 《南开大学校史资料选》，南开大学出版社1989年版，第12页。

③ 唐文治：《上海交通大学第三十届毕业典礼训词》，载《茹经堂文集》三编卷一。

亡图存的历史内涵和办学志向，民族振兴的需求与国家最需要的人才，成了中国现代大学初创时学科与专业设置的重要出发点，呈现出中国现代大学鲜明的中国特色。这里，当年的创办者与一校之长的救国思想与办学理念产生了重要作用。

厦门大学创校时期选择的教学体制沿用了近代英国大学学制，但在科系组成与学科设置上却没有完全按英国大学的体制与模式，与民国时期的各大学一样，当时并没有很强的专业观念，而依照时代与国家的急需人才设立科系。厦大建校初期，科系成型时的学科最初形态是文科设8个系，理科设6个系，工科归理科，其中的教育、工、商、新闻，都是那个危机时代国家急需人才的学科。

1930年2月，在通过国民政府大学院立案后两年，厦门大学遵照国民政府教育部令，将“科”改为学院，设5个学院21个学系。至此，经过近10年的建设，厦门大学具备了较为完备的院系体制，开始以院系这样一种与世界接轨的基本单元建构教学科研体制，开展“研究高深学术，培养专门人才，阐扬世界文化”，厦大的多学科性业已形成。

1929年，世界经济危机爆发，陈嘉庚公司每况愈下，1934年1月公司被迫收盘。这期间虽然有厦大教职员的半年捐薪活动，有陈嘉庚的“出卖大厦办厦大”惊世壮举，厦门大学的办学经费还是难以为继。在此情况下，厦大及时调整院系结构，以系科合并的方式突围经济上的窘迫，推进学科的艰辛运转。至私立时期的最后几年，全校5个学院压缩成文学、理学、法商3个学院，21个系经合并与撤销浓缩为9个学系。尽管这种合并是无奈之举，从数字上看办学规模是缩小了，但这次的学科浓缩却无意中为学科的整合、为打破欧美当年系科划分过细的弊端打下了基础。

建校时期厦门大学的院系建设与学科发展，按国民政府大学院调查专家的看法，在全国高校中有“方之他处，有过无不及”①的优势。这一时期，林文庆主持制定的《厦门大学校旨》（以下简称《校旨》）明确指出：“本大学之主要目的，在博集东西各国之学术及其精神，以研究一切现象之底蕴与功用，同时并阐发中国固有学艺之美质，使之融会贯通，成为一种最新最完善之文化。”《校旨》从大学文化的建构出发，鲜明地提出厦门大学办学的理念与目标。与这个理念和目标相联系，厦大初期的院系与学科、专业的建设，有如下几个特点：

---

① 《厦门大学十周年纪念刊》（1931年4月），载《厦门大学校史》第1卷，厦门大学出版社1987年版，第94页。

其一是注重“功用”,“切于实用”,培养国家、民族稀缺人才。《校旨》提出教学“以切于实用,造就应用科学人才为前提”。建校初期,教育学占有举足轻重的位置,原因如《校旨》所言:“我国目下师资及教育专门人才甚为缺乏,故对于教育系特加注意,以期养成良好师资及教育界领袖,因以提高一般教育之程度。”[①]陈嘉庚的信念是“国家之富强,全在乎国民,国民之发展,全在乎教育”[②],他办厦门大学一个重要的担当就是要纠正当年教育的“偏估”与“颓风”,解决中国教育缺乏新知识新思想师资的问题,以免“国粹日稀,精神日减,必至无救药之惨痛”。厦大商学与工学的较早创设与运行,也都体现了这样一种办学理念。这个特点,奠定了厦门大学从国家需要建设专业发展学科的厚重底色。

其二是博集东西精神、阐发中国学艺之美质、“研究高深学术”的学科特色。厦大成立时,《厦门大学组织大纲》明确表明厦大的三大任务之一是研究高深学术。林文庆在《校旨》中具体指出要建设科学研究机关,厦大要“成为我国南部之科学中心点”[③];院系体制形成后,厦大各学院在其“学院学则”的第一条“宗旨”中都一致性地提出“以培养专门人才,研究高深学术为宗旨”[④],这表明厦大建校初期就具备浓厚的学科建设意识。而且,在西学东渐、中西文化激烈论争与冲突的情势下,厦大独到地提出“阐发中国固有学艺之美质”和“首重国文”的主张,这也就形成了厦门大学学科建设中注重本土资源与文化精神的中国特色。文科的国学研究与理科的生物学研究是这方面的范例。1926年创建的国学研究院被认为是“大有北大南移之势”,是当年全国国学研究的中心之一。其影响不仅在于大师云集、研究规划与实际成果,更重要的是厦大国学研究体现了五四时期“重估价值”的精神,它的学科新范畴,研究问题的新方法、新史料和新观点,代表了五四之后国学研究的新趋势。植物系与动物系同样引起全国乃至世界的关注,尤其是结合本土地理优势的海洋生物研究更是锋芒毕露。1923年厦大美籍教授莱德的论文《厦门大学附近之文昌鱼渔业》在国际顶尖科学期刊 *Science* 上发表,成为中国高校最早在 *Science* 上发表的研究成果之一,引起国际学术界瞩目。鉴于海洋生物学科的成果,中央研究院及太平洋科学学会,特别委托厦门大学建立海洋生物研究室。与此同时,

---

① 《厦门大学校史》第1卷,第26页。

② 陈嘉庚:《筹办厦门大学演讲词》,载《新国民日报》1920年11月30日。

③ 《林文庆校长报告》,载《厦门大学民国十年度报告书》,1922年。

④ 《厦门大学一览》(1935—1938年度),载《厦大校史资料》第1辑,厦门大学出版社1987年版,第66页。

厦大的动植物标本的数量与丰富多样在全国领先。

其三是开放性的院系学科构成与人才培养学制。在中国高等教育滥觞时期，中国的大学虽然学的是西方体制，但中国文化原本就缺乏精确细致的分类，对事物不那么条分缕析，而且大学刚刚兴起，很多学科、专业更是因国家需要而设置而存在，大学的一切都在尝试与践行当中，这也就带来了中国现代大学院系学科设置上的开放性。厦大私立时期四次较大的院系变动与学科设置，就可以清楚地看到这个现象。院系设置与专业、学科结构的不断变动，实际上对打破学科体制的僵化是有驱动力的，它为以后厦大百年发展中院系所面临的不断调整、不断改革奠定基础。

在人才培养上，厦门大学“虽为厦门大学，实为世界之大学”[①]，一开始就招收大量的东南亚华侨子女和朝鲜国学生，颇具开放性。这所地处东南沿海一隅的大学却坚持要“使本校之学生虽足不出国外，而其所受之教育，能与世界各大学相颉颃”[②]，除不惜重金聘任国内外特别是世界名牌大学经历的名师学者外，在教学体制上，厦门大学沿用英国近代大学学制，本科修业 4 年，以修满 150 学分(绩点)并通过毕业论文及有关实验为毕业，各院各系实行课程交叉的修课计划，注重了知识结构的多元化。打破课程的专业界限，这样一种强调博集东西学术，打通院系界限学科界限的修学制度，实际上更吻合现代大学的人才培养规律。

厦门大学建校初期 16 年间，其“切于实用”的人才培养方针，“研究高深学术”的学科特色，院系学科结构与教学体制的开放性，不仅是时代的产物，也是百年厦门大学的宝贵珍藏，在百年厦大的院系建设发展中体现了一所名校的潜在发展实力，不仅为厦大创建“世界之大学”目标打下了坚实的基础，而且在学科的发展上为一流学科的发展奠定了先天优势。

二

1937 年 7 月 1 日，私立厦门大学正式改为国立厦门大学。7 月 6 日，国民政府行政院任命清华大学萨本栋教授出任厦门大学校长。7 月 7 日，抗战全面爆发。12 月，日寇兵临厦门，厦门大学内迁山城长汀，坚持在烽火硝烟中办

---

① 《林文庆先生在中华俱乐部之演说词》，载《南洋商报》1925 年 2 月 2 日。

② 《林文庆校长报告》，载《厦门大学民国十年度报告书》，1922 年。

学,“单独担负铁路线(粤汉铁路)以东国立最高学府的全付责任”[①],成为加尔各答以东最逼近战场的学府,肩起中国高等教育的东南半壁江山。由此开始到1949年新中国成立,这是厦门大学的国立时期。

抗战时期,在极其艰难困苦的条件下,萨本栋校长抱着“在艰危中”“不负嘉庚先生毁家兴学及政府将厦大收归国立之至意”的意志[②],以自己的未雨绸缪和身体力行,推进拓展厦门大学的院系与学科建设,赢得了战争中“国魂所托的事业”[③]的重大发展。

作为坚守在战区的最高国立学府,在战争中自觉担负起为战后的祖国建设培养与储备人才的使命,这成了厦大院系与学科建设的出发点与目的地。萨本栋说:“吾人应知此次战争,关系数千年固有文化之持续,将来永固国基之奠定者至巨。”[④]置身残酷的战争中,厦大想的是战后建设所需的大量“永固国基”的人才。据当年的新闻媒体报道,厦大筹备设立水产研究室,是为了“战后东南沿海水产研究之总框”[⑤];增设外国文学系与法律系司法组,“以应目前全面反攻及将来建国之需要”[⑥]。

这种穿透硝烟的未雨绸缪,更体现在厦门大学工科院系的创设与发展上。厦大工科开始于1922年,在1930年科改系后,工科已悄然消失。萨本栋来自清华大学,自己又是著名的电机专家,他对工科建设既熟悉又有主见,从战后建国的急需出发,工科人才显然要比其他学科人才需求更迫切、需求量更大,萨本栋决定补齐厦大学科上的工科短板。

1938年7月,厦大创设土木工程系,到1941年秋季,萨本栋校长就很自豪地说:“现在土木系设备,固尚未达到我们理想的境地,但教师则已充实到可以与国内任何大学相颉颃。”[⑦]这个科系,为战后中国大规模的基础设施建设培养了大批人才。1940年秋季,在土木工程大力扩展的同时,萨本栋又创设机电工程系。机电工程系创立后,理学院扩充为理工学院。1944年4月,创建航空工程系,厦大成为全国最早开办航空专业本科教育的少数高校之一,培

---

① 《萨本栋开学词》,载《厦大通讯》第3卷第10期,1941年10月25日。

② 萨本栋:《勖勉同学词》,载《唯力》旬刊第3期,1938年4月3日。

③ 萨本栋:《勖勉同学词》,载《唯力》旬刊第3期,1938年4月3日。

④ 萨本栋:《“七七”二周年纪念与节约运动》,载《唯力》第2卷第7/8期合刊,1938年7月7日。

⑤ 《母校设立水产研究室》,载《厦大通讯》第6卷第1期,1944年3月31日,

⑥ 《厦大增设外语、司法等系组》,载南平《东南日报》1945年8月4日。

⑦ 《萨本栋开学词》,载《厦大通讯》第3卷第10期,1941年10月5日。

养出像中国工程院院士张启先这样一批优秀的中国早期航天航空专家。

1945年12月厦大复员厦门，汪德耀已接掌厦大。这期间院系与科建设的最大事件是1946年夏季海洋学系与中国海洋研究所的创办。海洋学科创立于天时地利人和之中：抗战胜利后海洋与海权重要性凸显，复员厦门后的东南沿海地理环境优势，校主陈嘉庚“力挽海权，培育专才”的誓言与著名海洋学家唐世凤博士的加盟，共同促成了中国第一个海洋学系诞生，同时，厦大与中英文教育基金会合办的中国第一个海洋研究所也在厦大成立，厦大的海洋观测站也获准设立。由此，厦门大学在全国率先开始了“谋中国海洋科学事业之发展”“研究与教育并重”的造就培养海洋人才的行动。

国立时期文科的发展以复办法学为主要标志。厦大的法学，最早创立于1926年6月，1937年改归国立后，法律系奉命撤销，法学学科停办。到1940年，由于国民政府教育部不同意建立福建大学，并将已经开学的福建大学法学院并入厦门大学，这样，战火中的厦大法学学科就在接收福建大学法学院的契机中复办起来。

在人才培养理念与培养模式上，萨本栋取的是美国芝加哥大学的通识教育思想和从清华带过来的通识教育理念，遵循梅贻琦的“通识为本，专识为末”[①]教育思想制定校制、设置课程，实行强化通识基础与打通学科界限的修学制度，实施教授全力上课制度。他要求即使在战争中，也要坚持“未到‘最后一课’的时候，应加紧研究学术与培养技能”[②]，他提出，“现在不是个推诿责任的时代”，“需一身肩负二人之重任，一日急二日之操作”[③]，以不辜负陈嘉庚先生的期待，不辜负国家事业所托。比如新成立的机电工程系系主任李家炘教授，据统计最高一学期每周上课达81课时，每周最高达1725人时。这时期的厦大学生则“把战区当课堂，把笔杆当枪杆”，越是艰难越是坚韧学习。在1940年与1941年国民政府教育部举行的两次专科以上学生学业竞赛中，获奖总数与获奖系数的比例评定，均名列全国第一。

从抗战全面爆发到复员厦门，在极其艰危的战争环境与艰苦的复员中，厦门大学的院系建设不仅没有停顿，而且还得以有力扩充，院系规模与学科发展都有历史性的突破，多科性大学已然向综合性大学迈进，也因此开始确立厦门

① 梅贻琦：《大学一解》，载《清华学报》第13卷第1期，1941年4月。

② 萨本栋：《勖勉同学词》，载《唯力》旬刊第3期，1938年4月3日。

③ 萨本栋：《“七七”二周年纪念与节约运动》，载《唯力》第2卷第7/8期合刊，1939年7月7日。

大学位居全国高等教育前列的位置。更重要的是这一时期积淀下来的办学精神，那种由战争烽火淬炼出来的自强、坚韧与艰危中担当重负的使命感，为厦门大学的发展积累了一份极宝贵的精神财富。

三

1949 年 10 月 1 日，中华人民共和国成立，人民当家做主的时代开始。10 月 17 日，厦门解放，厦门大学迎来了办学史上的新纪元。1949 年 10 月 21 日，中共厦门市委在厦大建立中共厦门大学支部。不久，在原有基础上设立中共厦门大学党组。1950 年 5 月，中华人民共和国政务院任命著名经济学家、曾任厦门大学法学院院长的王亚南为厦门大学校长。

1952 年 6 月，中共福建省委派 15 名党的干部到厦大，7 月，中共福建省委决定程璐任中共厦大临时党委书记，党在学校的领导得以体现与加强；1953 年 1 月，厦门大学成立校务委员会，标志着学校由“校长负责制”开始向“党委领导下的校长负责制”过渡。这一年，符合条件的科系先后成立党支部。1955 年 1 月召开中共厦门大学第一次代表大会，成立中共厦门大学党委会，之后，各系先后建立系党总支，直到 1999 年校院二级管理体制改革时，党总支、党支部为厦门大学各科系的最直接领导，保证科系建设与学科发展的正确方向和健康发展。

新中国成立后，在东西方意识形态冷战的背景下，中国大学放弃对西方欧美的学习，而强调向“苏联老大哥”学习。1952 年，中央提出高等教育“发展专门学院和专科学校，整顿和加强综合大学”的方针，并学习苏联高校模式，进行大规模的院系调整。从 1952 年到 1955 年底，厦门大学在调整中从多学科大学向文理科综合大学转变，被确定为华东四所综合性大学之一。

1952 年 8 月，一年前刚刚由省立并入厦大并改名的厦大农学院奉命与福州大学农学院合并为福建农学院；9 月，厦大海洋系一分为三，厦大航海专修科与集美水产商船专科合并成立福建航海专科学校，之后再分别归入大连海运学院与上海海运学院；海洋系理化组并入山东大学，与山东大学海洋学科建立海洋系，发展为山东海洋学院，即后来的青岛海洋大学；为保存厦大发展海洋学科的力量，厦大成立海洋生物研究室，将海洋生物组的骨干教师与标本留在厦大，聘郑重教授为研究室主任。1953 年 7 月，厦大又奉命将工学院的土木、电机、机械 3 个系及土木专修科调整到浙江大学、南京工学院和华东水利学院，将企业管理并入上海财经学院，法学院归入华东政法学院。1954 年 7

月，厦大教育系调整到福建师范学院；8月俄语专修科部分师生并入南京大学。

在此调整中，厦门大学文理科也有所壮大。1951年私立福建学院的政治、法律、经济归并到厦大。1952年福州大学财经学院的会计、贸易、财金、统计、企业管理5个系并入厦大财经学院，并增加贸易专修科。1953年，福州大学文理两院的中文、外文、历史、数学、物理化学、生物学6个系也奉命并入厦门大学。1955年，厦大奉命停办统计、会计、财金、贸易4个系，改在经济系之下设政治经济学、统计学、会计学、货币与信贷、贸易5个专业。

从历史现场上看，大规模院系调整是新中国改造旧教育制度、建立新教育体制的战略措施，这是中华人民共和国教育史上一个重要事件。这场调整既为厦大文理科综合大学模式打下基础，也一定程度上削弱了厦大综合性大学的实力，厦大一些经营多年而形成厦大特色的院系、学科被调整出去，充实其他高校乃至成为新学校成立的基础。厦大在为国家做出贡献的同时，也造成基础学科与应用学科的相互分离，综合性大学学科交叉渗透的优势也受到一定的损失。

院系调整后，苏联高等教育的专业制度也随之取代了中国大学的院系体制。新中国成立之前的大学一般只设学科不设专业，学科业务范围要比专业宽阔，但专业有利于针对性培养专门人才，培养目标十分专一。为贯彻专业人才培养目的，厦门大学院级建制最后被正式撤销，实行以系为教学单位，系内设若干专业，形成按专业培养人才的办学模式。到1958年，全校设8个系16个专业，并设16个专门化科目。

这一时期，教育部确定厦门大学发展方向为“面向东南亚华侨，面向海洋”，要求各专业各教研组加强与南洋、台湾、海洋及本地特点有关的各种问题研究。王亚南校长对厦大的综合性大学也提出新的目标定位，他说：“今天我们所在的学校是个综合性大学，不是工业大学、农业大学，而是综合性大学，不同地方是培养目标不同。工农科培养工农业所需技术人才，师范培养教师，综合性大学主要是培养研究人员，科学研究人员。”他对学生说：“你们将来就是要培养成为科学家。”[①]这样的办学方向与文理综合性大学的形成，明确指明科学研究是厦大办学的重要任务，学科建设水平成为办学水平的重要表现。

由此，在那个以专业为主的发展时期，厦门大学依然将研究机构建设与学科建设发展当成院系建设的重要内容。

---

① 王亚南：《怎样做一个大学生》，录自厦门大学校办档案56-11。

王亚南校长抵达厦大后，首先恢复和建立研究机构，成立了经济研究所、化学研究所和南洋研究馆（1963 年升格为教育部部属研究所）、人类博物馆，文科理科各学院普遍成立研究室。这时福建研究院社会科学研究所也奉命归并厦大，充实了厦大文科主要是经济学科的研究实力。

这一时期，经济学科开始成为全国的翘楚学科。从 1946 年王亚南的《中国经济原论》研究被誉为“中国式的《资本论》”开始，厦门大学“以中国人的资格研究政治经济学”的独特学派开始形成。1950 年王亚南执掌厦大后，建立厦大财经学院，创办全国第一个经济研究所，这是当年全国高校最新经济学教学科研建制。院系调整中财经学院被撤销。1958 年 9 月，中国经济问题研究所成立，并创办中国第一家全国性经济学刊物《中国经济问题》。这个时期，经济学各学科研究全面展开，在《资本论》研究、社会主义所有制研究、会计、统计、财政学方面的研究，成绩斐然，为全国瞩目，奠定了经济学迈向一流学科的坚实基础。

化学为厦大理科中最早的学科之一，展示着一流学科的形象。1939 年，傅鹰博士受聘厦门大学并任教务长兼理学院院长，他给厦门大学带来了化学正在从经典的统计热力学深化为理论化学、结构化学的最新发展信息与理论，从而让厦大化学学科及时捕捉到量子化学、量子力学的发展，跟上世界潮流。自此，化学学科的发展呈现云帆济海之势。新中国成立后，催化的研究与应用、海洋化学分析成果显著，电化学研究、物质结构研究、有机物电极、电分析和有机物点解制备也都在学术界崭露头角。1972 年，蔡启瑞教授与唐敖庆、卢嘉锡两教授联袂承担国家重大基础理论研究课题化学模拟生物固氮研究，与国际同步攻关世界理论难题，成果受到国际同行的赞赏。这个时期的厦大化学，已具备国内一流、国际具有重要影响的学科声望。

除此，海洋生物研究，生物系在金定鸭研究及北京鸭与金定鸭的杂交研究，半导体物理、半导体化学、植物生物学以及数学等方面的基础理论研究，都有全国性影响。理科各系与福建省其他单位联办建立的 8 个新的研究所，有效地促进了厦门大学科学研究与地方建设的紧密结合，拓宽了厦门大学科学研究的思路与途径，这也说明了成为文理综合性大学的厦门大学在学科建设上的明显进展。

从 1949 年新中国成立到 1966 年“文化大革命”爆发，厦门大学与全国高校一样，经历过“整风运动”、“教育大革命”和“大跃进”高潮，作为面对两岸对峙炮火中海防前线大学，社会主义的办学方向和党在学校中的领导地位更加明确与坚定，在人才培养与科学研究上探索前进，书写出新中国高等教育的新篇章。1963年9月12日，教育部以〔63〕教厅秘字第178号文件，将厦门大学定位全国重点大学，“这是国家对厦门大学几十年来办学成就的充分肯定，从教育体制上明确地确立了厦门大学在全国教育事业中的重要地位”①。

1966年到1976年“文化大革命”运动期间，厦门大学与全国高校一样，遭受空前的洗劫。这是中国高等教育发展史上一次挫折和重大教训，经历过这样的风雨，拨乱反正之后，厦门大学的院系与学科建设自有空前的发展。

四

1976年10月6日，党中央一举粉碎“四人帮”；1977年9月，全国恢复高考制度，1978年2月，教育部恢复厦门大学为全国重点大学。1981年10月，厦门被国务院确立为中国四个经济特区之一，身处中国经济特区的国家重点大学，厦门大学被历史推向了改革开放的前沿，学校逐渐顺利走向“党委领导下的校长负责制”的领导体制中，院系建设发展进入一个崭新的历史新时期。2000年之后，按照校院二级管理体制改革，各学院建立学院党委，建立并逐步完善学院党政联席会议制度，厦门大学院系建设得到空前发展。

至2020年，改革开放中的厦门大学全校已建有30个学院16个研究院，展现出门类齐全、学科强劲、专业特色明显、布局合理的整体风貌。依据院系建设与发展的历史，以1995年启动“211工程”为界，整个42年的改革开放可分为两个时期：1978年至1995年为恢复与快速发展时期；1995年之后伴随着国家“211工程”、“985工程”、创建“双一流”建设，厦门大学院系建设进入跨越式发展时期。

1978年春天，当恢复高考制度后的第一届大学生走进厦大时，厦大共设有10个系29个专业，这些系与专业还只是集中于自然科学与人文社会科学的基础理论学科，基础雄厚，但面对世界新技术革命浪潮的兴起和新时期党与国家工作中心转移到社会主义现代化建设和改革开放上，尤其是经济特区和沿海开放城市、经济开发区的设立，原本的科系已经不能很好地适应新形势的需要，于是，学校大胆突破文理结构框架，调整学科与专业设置，大力充实、改造、复办老专业，增设一批新学科，优先创办一批涉外专业、应用科学和应用技术专业，开展边缘新兴学科研究，迈步向文理渗透、多学科组成的综合性大学

① 厦门大学档案馆、厦门大学校史研究室编：《厦门大学校史》第2卷(1949—1991)，厦门大学出版社2006年版，第142页。

方向发展。

其一,以“起点要高,起点要新”的要求,创办一批新专业,集中在涉外、经济管理、新兴交叉学科与新技术专业。到 1995 年,全校已发展到 26 个系 61 个专业,突破长期以来保持的文理财经综合性大学格局,形成了包括智能科学、技术科学、人文科学、社会科学、管理科学、教育科学在内的多学科、结构比较合理、内容比较先进的学科体系。

其二,开始恢复学院建制。专业增多后,科、系不断发展,从管理与学科建设出发,开始逐步恢复学院建制。在 20 世纪 80 年代初期,先后成立经济学院、政法学院、全国综合性大学的第一个艺术教育学院、技术科学学院,其中技术科学学院的成立既带有复办工科的动机,更是以为国家培养急需的大量科技人才为目标,着重造就工科与理科相结合、交叉的学科的开创性人才。学院作为学校派出机构,具有一定自主权。

其三,以长远的战略眼光,充实、更新老专业。如 20 世纪 70 年代复办海洋系。在 1952 年的院系调整中,厦大将海洋系一分为三,用建立海洋生物研究室的名义战略性留住了海洋生物学科的骨干师资与教学标本,这使得厦大在 1962 年前后依然成为我国海洋科学的重要基地之一。海洋系虽然不再存在,厦大理科其他系却增设了海洋物理、海洋化学和海洋生物等新的专业、专门化,各系与华东海洋研究所密切配合,共同进行了 26 项海洋科学研究,成果引起国外学术界注意,《美国科学界对中国科学的看法》一书也提到厦大海洋科学研究的情况。复办后的海洋系,采取少招本科生、多招研究生、重拳科研、提高质量的策略,开展学科建设,并增设海洋水文气象和海洋地质地貌两个专业,为海洋系成为全国一流学科打下了坚实良好的基础。

1995 年,厦门大学进入国家“211 工程”行列;2001 年,被列入国家“985 工程”重点建设高校;2017 年,入选国家 A 类“双一流”建设高校。在中国教育从教育大国走向教育强国的历史进程中,厦门大学的院系发展与学科建设,实现了跨越式发展。

1999 年 3 月,全校深化校内管理体制改革,开始实行校院二级管理,学院建制全面铺开,各学院按照学院办大学的发展趋势,遵循“优化结构、强化内涵、扶优促新、鼓励交叉”的原则推动学科与专业建设,从 1995 年到 2020 年,全校共设置 30 个学院 16 个研究院,新增 52 个专业,撤销 4 个专业,调整 18 个本科专业,最终设置本科专业 99 个,涵盖文学、哲学、历史学、法学、经济学、管理学、理学、工学、建筑学、医学、艺术学等 11 个学科门类,以学科为支撑,打造一批定位明确、管理规范、改革成效突出,师资力量雄厚、培养质量一流的院系与专业群；全校有17个国家级特色专业，2个国家级人才培养模式试验区，2个国家级专业综合改革试点，3个专业入选教育部基础学科拔尖学生培养计划，24个专业13个项目入选教育部卓越人才培养计划。

这个时期，也是厦大研究生教育的大发展时期。1986年9月，国务院批准厦大试办研究生院；1996年3月，厦大正式获准设立研究生院；2018年，厦大成为全国首批20所学位授权自主审核单位之一。至2020年，全校共设有32个博士后流动站，36个一级学科博士学位授权点，45个一级学科硕士授权点。研究生院的建设与发展，推动了厦大研究生教育的空前发展，也更紧密地将厦门大学的学科建设与学院建设融为一体。

学科作为高校实施科研、教学活动和集聚人才的最基本的单元，是学校根本性的基础建设，也是院系建设发展的基础与支撑。这个时期，凭借国家"211工程"、"985工程"建设和创建"双一流"的支持，院系以学科为支撑，以学科建设为重心，凸显了学科建设的基础性与关键性。

其一，以学科建设为支撑为龙头，整合组建符合学科发展和拓展创新学科建设的学院，优化学科布局。如整合厦大早期传播和研究马克思主义与当代马克主义教学研究的资源，成立马克思主义学院，设立"985工程"重点学科"马克思主义理论"、"211工程"三期国家重点学科"中国特色社会主义理论与实践"建设项目，与中共福建省委宣传部合作共建"厦门大学中国特色社会主义理论体系研究与培训基地"，加强学科建设，建设国内高水平的马克思主义理论学术创新基地。如整合全校电子工程、电子科学、微电子与集成电路、电磁声等相关学科，组成电子科学与技术学院，入选国家示范性微电子学院；整合软件学院、物理科学与技术学院、计算机与信息工程学院相关资源成立信息学院；将公共事务管理学院的社会学系与人文学院的人类学系组合成社会与人类学院，更准确对应国际学科范式；而像数学科学学院、国际关系学院、台湾研究院、教育研究院、萨本栋微米纳米科学技术学院，则是应对历史与国家的需求，在学校原本的优势或特色学科基础上建立起来的学院。其中数学与应用数学为国家级一流专业、国家一类特色专业、国家理科数学与应用数学基础科学研究和教学人才培养基地，入选国家基础学科拔尖学生培养试验计划；台湾研究院入选国家高端智库试点建设、培育单位。以教育部人文社科重点研究基地会计发展研究中心和国家重点学科工商管理为依托，整合MBA和EMBA、会计系、工商管理系、管理科学系与旅游管理专业组成管理学院，很快使管理学院成为中国最具竞争力的十大商学院之一。工商管理、会计学、财务管理和电子商务4个专业入选国家一流本科专业建设点，在2017年教育部公布的全国第四轮学科评估中，工商管理一级学科获评A类学科，经济学与商学进入ESI全球前1%行列。

其二，以大学科理念、通过国家人才培养基地和重点学科的依托带动，推进院系与学科的建设发展。1999年校院二级管理体制改革伊始，学校就开始推行大学科的学院建制理念，文、史、哲3个系6个一级学科，以国家文科历史学基础科学研究和教学人才培养基地与国家重点学科中国经济史为带动，组建人文学院，力图打通文史哲，"研究高深学问"和培养人文学科精英人才。以大医科理念，整合生命科学学院、医学院、药学院、公共卫生学院等力量，推进学科交叉融合，构建医、教、研有机融合的医科教育体系。2018年和中国卫生信息与健康医疗大数据学会共同建立医疗健康大数据国家研究院，汇聚理、工、医及社会科学十几个学院的教师与研究团队，通过自主创新和跨学科合作，产生一批国内外领先的具有良好产业转化价值的一流研究成果，凸显大学科整体的优势。

在大学科建设与学科协同创新中，由厦门大学牵头，与复旦大学、中国社会科学院台湾研究所、福建师范大学共同建设的国家协同创新中心"两岸关系和平发展协同创新中心"，由厦门大学、复旦大学、中国科学技术大学和中科院大连化物所为核心层，组建的国家级协同创新中心"能源材料化学协同创新中心"，都体现出大学科、跨学科与跨越部门、学校的创新优势。2018年12月，国家自然科学基金委依托厦门大学建设"国家天元数学东南中心"，该中心由数学科学学院牵头，联合5个省14所高校为共建单位，更是以大学科、大组合、大跨越的组织形态呈现出构建一流核心竞争力的重要举措。

其三，发挥优势，打造国内领先、国际一流的高峰学科，是这一时期厦大院系建设与发展水平最基本也是最重要的成果之一。目前厦门大学有理论经济学、应用经济学、工商管理、化学、海洋科学5个国家一级重点学科，另有25个国家二级重点学科，分布在经济、管理、化学化工、数理、海洋与地球、生态与环境、法学、高等教育、生命科学、人文等学院。另有化学、工程学、农学、社会科学、计算机科学、分子生物学与遗传学、微生物学、药物理与毒理学、地学、物理学、经济学与商学等18个学科在ESI全球排名前1%；17个学科在QS世界大学学科排行榜上有名，上榜数居中国大陆高校第12位；37个学科登上软科世界一流学科排行榜，上榜数居中国大陆高校第8位。2017年，化学、海洋科学、生物学、生态学、统计学入选国家"双一流"建设行列。

当我们对厦大100年的院系发展做出梳理后，我们会发现，厦大百年院系的历史脚步，实际上是伴随着100年来中华民族伟大复兴的风云变幻与中国高等教育的命运嬗变而砥砺行走的，它走的是一条从小到大、从少到多、从大到强的历史发展脉络，一条是院系建设与学科发展紧密融合的道路，一条是国际竞争力和整体实力不断提升的道路。百年院系不断调整不断演化的进程，也就是百年学科不断变革不断创新的历程，这里有成功的喜悦，也有挫折的教训，有起伏的艰辛，也有前进的欢笑，但无论在什么时候、在什么样的空间里，都向着校主陈嘉庚先生提出的“世界之大学”目标前行，都沿着“与世界各大学相颉颃”的意志行进，都朝着“中国特色，世界一流”的憧憬踔厉奋进。

五

“厦门大学百年院系史”系列的编撰出版，是各院系向厦门大学百年华诞献上的一份礼物，她以100年来各个学院、研究院的学科发展、专业建设、院系在时代中变动的脚步为主要内容，呈现不同历史时期南方之强的个性与风采。目的在于总结经验，传承命脉，弘扬自强不息、止于至善精神，激励“双一流”建设，为厦门大学与中国高等教育留下一份珍贵的历史叙述。全校共有35个院系、研究院及厦大出版社参加了这个规模空前的编写工程。每部院系史主要包含以下内容：

一、历史的脚步。这是全书最主要的叙述，它通过对院系的历史梳理，描述出在各个历史时期的发展脉络与特征，客观呈现各学院发展进程中的主要事件，重点叙述以学科建设、人才培养为重心的发展变化、主要特点和成就，以及行政管理、社会服务上的变更发展。

二、党政管理。叙述院系党的建设情况，行政机构的变更，历任党、政领导等。

三、学科发展。叙述院系学科建设发展的轨迹与特色、地位与成绩，包括博士授权点、硕士授权点介绍及其人才培养特色，研究基地、研究所、中心介绍及其工作特色，重点实验室介绍及其工作成就，对外交流成果等。

四、教学成果。阐述院系在人才培养与教学教育中的发展嬗变，包括专业设置、课程体系、精品课程与教改项目、教学成果奖、特色专业与创新试验区、教学团队、教材建设、人才培养基地、创新创业教育等内容。

五、学术成就。配合学科建设的发展，叙述学术上的做法与成就，包括获奖学术成果、主要著作与论文、主要研究课题。

六、附录：院系大事记。

这是一项具有长远意义且严肃的工作，学校要求各院系在编撰中坚持正确的政治导向，突出与中国共产党同龄的厦门大学教育救国、教育兴国、教育强国的历史步点；重点叙述与提炼各学科、各专业及人才培养的发展与成就，彰显学术大师和著名校友的贡献；历史须客观叙述，要求准确无误有根有据，尽可能追根溯源，填补漏缺，还原历史，强调学术传承。但历史的写作须经千锤百炼，百年院系历史的叙述需要长期的淬炼，今天打开的这个脚步，难免深浅不一，难免有疏漏之处，还有许多需要打磨甚至勘正的地方，还请各位读者批评指正。

全校的百年院系史系列编撰工作在2019年的春天启动，历时两年的时间，在厦门大学百年华诞到来之际，终于与厦大人、与各方读者见面了。当各院系的撰写者在各自的历史隧道中搜寻攫微、考辨记载而写出自己的院系历史的时候，实际上是在对一个学科、一个院系的过去与今天的研究梳理，也是与明天的一个重要联系与启示。相信经过这次院系史的研究编写，各学院各学科将会以史为鉴，以更宏伟的规划更准确的定位更实在的工作，在党的坚强领导下，向着“中国特色，世界一流”的建设方向，奋力推进厦门大学院系建设与学科发展。

2021年3月12日

前　言

旧业维新忆往事，后来居上铸辉煌。

厦门大学航空航天学院组建于2015年4月6日，由原物理与机电工程学院机电工程系、航空系，原信息科学与技术学院自动化系重组构成，中国工程院院士、航空发动机专家尹泽勇担任首任院长。新组建的航空航天学院秉承“自强不息，止于至善”的校训精神和“旧业维新，后来居上”的院训精神，在教学、科研的战线上辛勤耕耘，不断争取着新的进步。

厦门大学航空航天学院今日之发展离不开前人的付出与努力，对发展史的回顾是对前辈的致敬、对传统的继承，更是对未来的期许。厦门大学航空航天高等教育历经中华民国时期的初创、中华人民共和国成立后的调整、改革开放后的复办和新时代新学院建设的复兴四个阶段，发展历程之曲折激励着一代代航院人不懈努力奋斗。把发展的点滴记录在册并整理归档，可让院系史有根可寻、有源可觅。让往昔岁月藏于字里行间、凝于照片档案，每个标点符号背后都蕴藏着一段值得追述的往事和一份值得铭记的情愫。

厦门大学工科的起点可追溯至学校创立初期。1922年7月，厦门大学设立工学部。1937年，时任校长萨本栋提议增设隶属于理学院的土木工程学系，是年正式开办，朱家炘教授应萨本栋校长之邀来土木工程学系任教，并着手筹办机电工程学系。1940 年秋，机电工程学系设立，朱家炘教授为首任系主任。1940 年，理学院更名为理工学院，谢玉铭教授任院长。此后，傅鹰、汪德耀、黄苍林等教授相继出任院长。1944 年 2 月，国民政府教育部要求厦门大学机电工程学系改制，设双班(机械班、电机班)，并增设航空工程学系。同年秋，航空工程学系成立，时任理工学院院长黄苍林兼任航空工程学系代理系主任，叶蕴理、田培业、林士谔等教授先后继任系主任。1948 年 7 月，机电工程学系分设机械工程和电机工程两学系，朱家炘教授、寿俊良教授任两系主任。在萨本栋、汪德耀、朱家炘、叶蕴理等先贤的运筹帷幄下，厦门大学机电工程和航空工程高等教育办学成绩斐然。机电工程学系一度成为对新生最具吸引力的学系，连续多年为厦门大学第一大系。航空工程亦是当年全国为数不多的从事航空本科高等教育的专业之一。

中华人民共和国成立后，厦门大学坚决服从全国院系大调整的部署，其中以机电工程学系、航空工程学系付出最巨。前者并入浙江大学、南京工学院(现东南大学)；后者先并入清华大学，后又并入北京航空学院(现北京航空航天大学)。这两系的调整为上述多校相应专业创建输入了大量的骨干师资和优质生源。至此，厦门大学机电工程学系、航空工程学系的建设发展被按下了暂停键。但是，踏实勤勉的厦大人没有丝毫怨言，继续努力学习、工作，延续着航空航天高等教育的优良传统，在其他学科领域的天地里为祖国建设添砖加瓦。

1972 年，在李文清教授的推动下，厦门大学数学系创办了控制理论专业。1978 年，控制理论专业招收首届滤波与随机控制方向硕士生，办学层次逐步提升。1982 年，在数学系的支持下，李文清教授又牵头成立计算机科学系，并担任系主任。1987 年，计算机科学系更名为计算机与系统科学系。随着学科的逐步壮大，1991 年 12 月，计算机与系统科学系分设为计算机科学系与系统科学系。1996 年 10 月，系统科学系改名自动化系。

1983 年 2 月，教育部同意厦门大学增设科学仪器工程专业。同年 6 月，厦门大学成立科学仪器工程系。1994年,科学仪器工程系增设机械设计制造及其自动化(机械电子工程)专业。1998年,在海内外校友的呼吁和支持下,机械工程学科复办,科学仪器工程系更名为机电工程系。厦门大学电气工程及其自动化专业可追溯至时任校长萨本栋于1940年亲手创办的机电工程学系里的电机组;1948年,电机组从机电工程学系分出,成立电机工程学系。在1952年全国高校院系调整中,电机工程学系的电机组并入浙江大学,电信组并入南京工学院(现东南大学)。1999年,科学仪器工程专业改为教育部统一的本科专业名称"测控技术与仪器"。2009年,电气工程及其自动化专业在机电工程系获批复办。2015年4月航空航天学院成立后,原机电工程系拆分为机电工程系、仪器与电气系。

厦门大学航空系(现飞行器系与动力工程系)的复办走过了从专科到本科的发展历程。1994年,应厦门市政府商请,厦门大学为厦门太古飞机工程有限公司培养飞机维修人才,开办飞机维修工程专业(三年制专科),1999年开始招收本科生。2002年,教育部批准厦门大学设立飞行器动力工程专业,着力培养航空维修领域的高级技术人才。随着国内外航空航天科研和产业迅猛发展,厦门大学于2008年复办航空系,航空航天学科发展自此转入高速阶段。

2015年4月,航空航天学院成立后,厦门大学的工科坚实基础和合力优势开始显现,航空航天学院整体实力大为提升。如今的厦门大学航空航天学院,以中国梦为蓝图、以航空航天梦为己任,奋力书写着壮丽新华章。

一个世纪的风雨兼程,厦门大学春华秋实。回首工科高等教育八十余年的光辉历程,我们更加怀念那些为了厦门大学航空航天教育事业发展筚路蓝缕、辛勤耕耘、无私奉献的先贤和前辈们,感谢他们艰苦卓绝、励精图治、永不放弃的努力和奋斗。学院的发展凝聚着先贤的真知灼见,见证着前辈的奋斗历程。与其说这是一段院系史,不如说这是一部教育史,在动荡时局中审时度势,在艰苦环境下逆流而上,在多样选择中守护初心。

前有先贤指引，后有强国托举。代代科学家、教育家、杰出师长和优秀学子们为厦门大学航空航天学院的发展夯实了基础。今天的厦大航空航天人正以昂扬的斗志，发扬“自强不息”的奋斗精神、传承“止于至善”的卓越传统，在厦门大学新的百年征程中淬炼成长，推进学院事业全面发展，不负这一伟大时代。

2021 年 4 月 6 日，厦门大学百年校庆、航空航天学院六年院庆。站在历史的新起点，回望八十多年的沧海桑田，我们激情满怀。前贤启迪后昆，历史告诉未来。让我们探寻成长的足迹、秉承创新的理念，携手共创厦门大学航空航天学院更加光辉灿烂的明天。

《厦门大学航空航天学院院史》编委会
2020 年 12 月

目录

content

第一部分 历史篇

一、坎坷办学　自强不息(1937—1952年)　3

二、再铸辉煌　止于至善(1972—2014年)　6

三、旧业维新　后来居上(2015年至今)　11

第二部分 发展篇

一、航空系(现飞行器系与动力工程系)　23

二、机电工程系　48

三、仪器与电气系　65

四、自动化系　80

五、工程技术中心　95

第三部分 党政篇

一、学院党委的成立与发展　107

二、历届教工党支部班子　108
三、历届学院行政班子　110
四、主要工作与成绩　110
五、党政工团活动剪影　113

第四部分
成就篇

一、学院学科建设概况　127
二、学院教学与科研成果　141

第五部分
附　录

附录一:大事记　157
附录二:部分知名院友录　171
附录三:杰出院友风采　186
附录四:优秀院友风采　195

后　记　201

第一部分 历史篇

筚路蓝缕　薪火相传

厦门大学航空航天学院的发展史，每一个重要节点都与时局紧密相连，下设系、部、所的发展更是历经艰辛。

一、坎坷办学　自强不息（1937—1952年）

1921年厦门大学成立之时，就对发展工科教育进行了规划。图1-1-1为1921年3月厦门大学筹备委员会公布的厦门大学大纲之附表。厦门大学筹备时已规划成立工学部，在其中设立“机械工科”和“电气工科”。这彰显了校主陈嘉庚先生的高瞻远瞩和宏伟大志，也是他为厦大工科建设埋下的重要伏笔。

1937年7月1日，经陈嘉庚先生函请，南京国民政府同意将私立厦门大学改为国立，并于1937年7月6日任命著名物理学家、时任国立清华大学教授的萨本栋博士出任国立厦门大学首任校长。

1937年7月7日，日本侵华战争全面爆发，厦门大学被迫内迁闽西长汀。在物质匮乏、人才紧缺的动荡时局下，时任校长萨本栋教授仍坚持培养应用型、紧缺型人才。

1940年秋，厦门大学机电工程学系成立，毕业于美国康奈尔大学机械工程系的朱家炘教授应萨本栋校长邀请担任机电工程学系首任系主任。机电工程学系是厦门大学创办最早的工科系之一，也是当时厦门大学师资水准最高、对新生最具吸引力的学系，连续多年招生数均位列全校第一。1944年4月，厦门大学航空工程学系成立，创办初期由时任厦门大学工学院院长、原福建省研究院工程研究所所长黄苍林教授监管，厦门大学因此成为我国最先开办航空本科教育的少数几个高校之一。

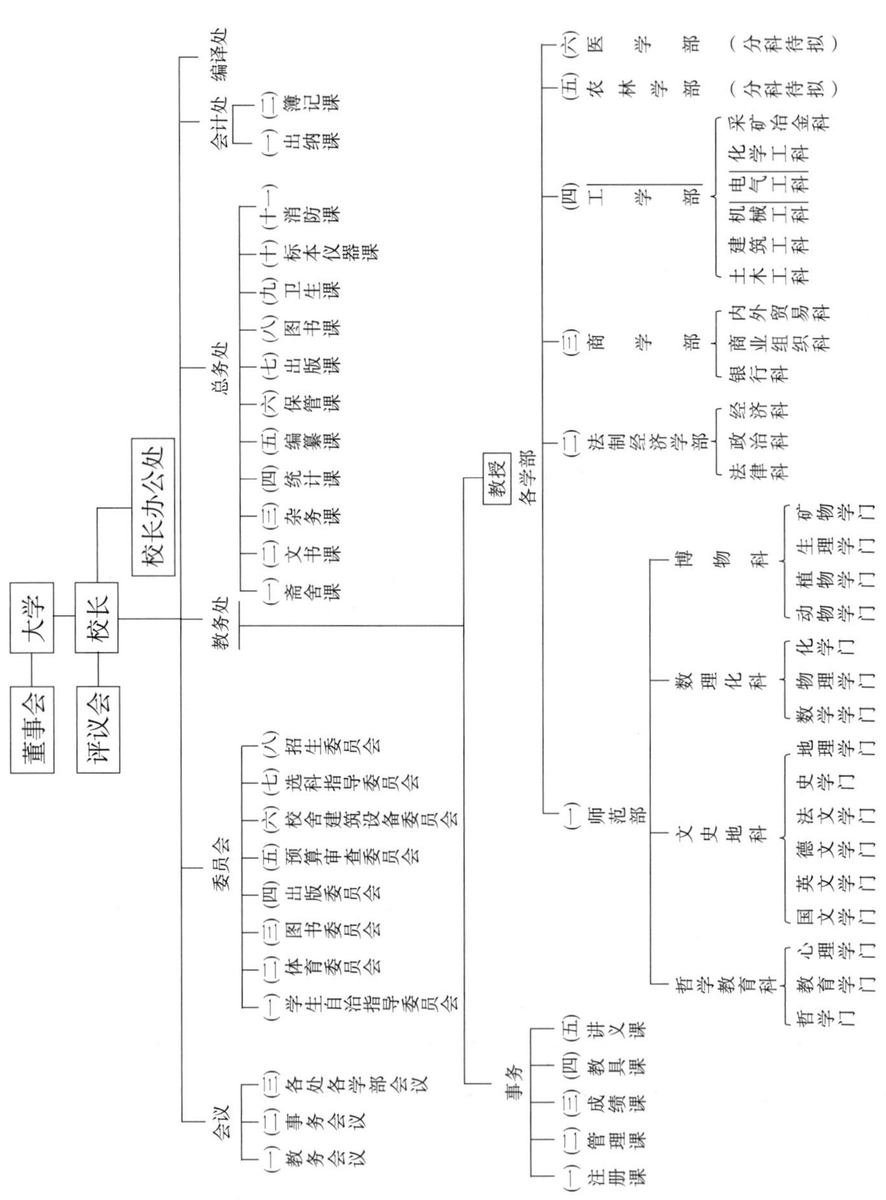

图1-1-1　1921年3月，厦门大学筹备委员会通过的厦门大学组织系统表

在厦门大学图书馆所藏《厦大校刊》第5期中，1946年4月6日，廿五周年纪念特刊(LIB—009—0373—0025)介绍了当时厦门大学理工学院的概况："本院私立时代，初称理科，下设数学、化学、动物、植物四学系。至十九年(即公元1930年)春，理科改称理学院。廿六年(即公元1937年)秋，改国立时，理学院下设数理、化学、生物三学系。廿九年(即公元1940年)秋，奉令增设机电工程学系，遂改称理工学院。卅三年(即公元1944年)秋，奉令增设航空工程学系。卅五年(即公元1946年)度分设为理、工两学院。"

尽管这一时期流离转徙、条件艰苦，但机电工程学系和航空工程学系均秉持矢志办学之心，在战火中因地制宜、因势利导争取教学资料，浇筑人才培养基础。当时两系以驻守长汀友军赠送的"野马"和"闪电"退役战斗机各一架、汽车引擎两个、汽油发电机和手摇发电机各一台、从投降日军处获得的三艘"神风特攻"快艇等为基础，组建了发动机、飞机结构和仪表特设等实验室，开设了"飞机设计实习""航空仪器实习""发动机实习""风洞实习""飞机构件实物陈列"等实验课程。

图1-1-2为中华人民共和国成立前厦门大学各系拥有的各种仪器、实验设备、机件的种类及数量，以及可供学生实习人数。航空工程学系的实验设备可满足所有学生的热工、电工及金工等实习之用；机电工程学系的设备可容纳每周240名学生实习之用。航空工程学系的飞机、发动机实验设备在全国院系调整时运至清华大学，后又归属北京航空学院(今北京航空航天大学)。至今，北京航空航天大学发动机陈列室里还珍藏有20世纪40年代厦门大学的发动机部件。虽已锈迹斑斑，但仍发挥功用，供学生参观学习。

强大的师资队伍、充足的实验条件和严谨的教学模式，使厦门大学机电工程学系、航空工程学系彼时办学成绩斐然，人才辈出。多年来，两系先后培养了台湾新竹科学工业园区创始人与杰出教育家何宜慈(1940级)，国际电机与电子学会会士葛文勋(1942级)，中国工程院院士、山东大学教授艾兴(1943级)，国际电机及电子学会会士苏林翘(1943级)，中国工程院院士、空间机构学及机器人技术专家、中国空间机构研究的开拓者之一张启先(1944级)，台湾知名企业家周咏棠(1944级)，中国科学院院士、浙江大学教授阙端麟(1947级)，中国工程院院士、"飞豹"(歼轰-7)飞机型号总设计师陈一坚(1949级)，中国科学院、中国工程院院士闵桂荣(1952级)等一大批高水平专业学者和专业人才，为国家的建设和发展做出了重要贡献。

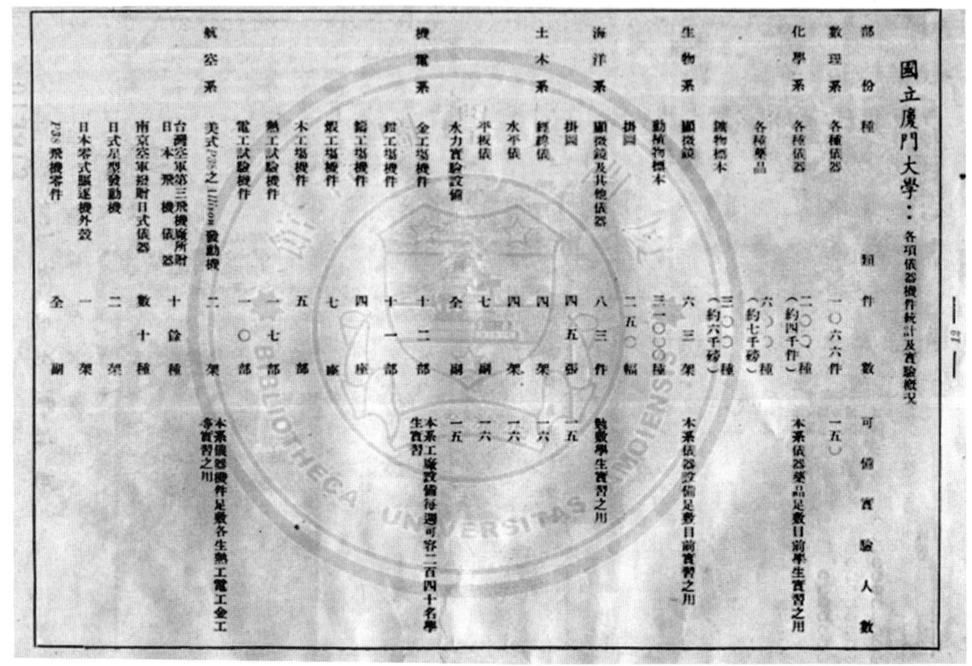

國立廈門大學：各項儀器機件統計及實驗概況

— 27 —

部份	種類	件數	可備實驗人數
數理系	各種儀器	一〇六六件	一五〇
化學系	各種儀器	二〇〇種(約四千件)	本系儀器藥品足敷目前學生實習之用
	各種藥品	六〇〇種(約七千磅)	
	礦物標本	三〇〇種(約六千磅)	
生物系	顯微鏡	六三架	本系儀器設備足敷目前實習之用
	動植物標本	三一〇〇〇種	
	掛圖	二五〇幅	
海洋系	顯微鏡及其他儀器	八三件	夠數學生實習之用
	掛圖	四五張	一五
土木系	經緯儀	四架	一六
	水平儀	四架	一六
	平板儀	七副	一六
	水力實驗設備	全副	一五
機電系	金工場機件	十二部	本系工廠設備每週可容二百四十名學生實習
	鉗工場機件	十一部	
	鑄工場機件	四座	
	鍛工場機件	七爐	
	木工場機件	五部	
	熱工試驗機件	一七部	
	電工試驗機件	一〇部	
航空系	美式P38之Allison發動機	二架	本系儀器機件足敷各生熱工電工金工等實習之用
	台灣空軍第三飛機廠所附日本飛機儀器	十餘種	
	南京空軍撥附日式儀器	數十種	
	日式星型發動機	二架	
	日本零式驅逐機外殼	一架	
	P38飛機零件	全副	

图 1-1-2　中华人民共和国成立前厦门大学拥有的实验仪器、设备统计及实验项目概况

1951 年，教育部召开全国工学院院长会议，拟定全国工学院院系调整方案，揭开了全国院系大调整的序幕。在这次调整中，厦门大学航空工程学系先并入清华大学航空学院、后又并入北京航空学院（现北京航空航天大学），机电工程学系则并入浙江大学、南京工学院（现东南大学）等。

二、再铸辉煌　止于至善（1972—2014 年）

1972 年，在我国著名控制论专家李文清教授的推动下，厦门大学创办了控制理论专业。1977 年，在李文清、贺建勋等教授的筹划下，厦门大学控制科学和系统工程学科开始发展。从 20 世纪 80 年代起，控制学科先后与能源部、航天部教育司、空间技术研究院等航空航天领域重点单位开展密切合作。

1981 年 5 月 10 日，厦门大学在向教育部呈报的《关于我校“六五”计划和十年设想的报告》中，提出设置科学仪器工程专业的建议，得到全国政协部分闽籍委员和中科院闽籍委员的响应支持，最终获得教育部的批复。1983 年，厦门大学开始组建“科学仪器工程系”(简称科仪系)，任命当时在厦门大学化学系分析化学专业、从事分析仪器研究工作的季欧副教授为系主任。同时，抽调全国各地从事光学、机械、电子、计算机、自动控制、仪器制造等方面的专家加入，组建教师队伍，并逐步建设和完善。

1982 年，在李文清教授等的筹划下，以控制理论专业为基础的计算机科学系成立，下设控制理论与计算机软件专业，这是国内最早组建的计算机系之一，李文清教授担任首届系主任。1984 年，增设系统工程专业，配齐了“控制论”、“信息论”和“系统论”三论中的专业。

1985 年，由科学仪器工程系、电子工程系(物理系抽调师资组建)、计算机系(数学系抽调师资组建)组建成立厦门大学技术科学学院，吴存亚教授任首任院长。技术科学学院成立后，又组建了建筑系等。1986 年，辜联昆教授任院长，黄长艺、许克平、林锡来任副院长。

1987 年，计算机科学系更名为计算机与系统科学系。1991 年 12 月，计算机与系统科学系分立为计算机科学系和系统科学系。其中，系统科学系下设系统工程、控制科学两个本科专业，系统工程、运筹学与控制论两个硕士学位授权点。控制科学本科专业后改为自动控制专业，运筹学与控制论硕士学位授权点后改为自动控制理论及应用。1996 年 10 月，系统科学系更名为自动化系。

1993 年，厦门太古飞机工程有限公司成立。为填补厦门航空工业人才空白，服务地方经济建设，应厦门市政府的商请，时任校长林祖赓允诺在学校复办航空教育。1994 年，厦门大学工学院设立了三年制的飞机维修工程专业(专科)，由当时的工学院副院长、科仪系黄长艺教授负责筹建。同年，科仪系设立机械设计制造及其自动化(机械电子工程)专业。

1994 年，为进一步拓宽办学资金来源、提高工科办学水平，厦门大学还与厦门市签署《教育部和厦门市共建厦门大学工学院协议》，厦门大学技术科学学院正式改名为“厦门大学工学院”，辜联昆副校长兼任工学院首任院长。

1998 年，机电工程系第一届至第十届毕业校友代表何宜慈、苏林华、葛文勋、邵建寅向母校发起建议书，呼吁复办机电工程系。时任校长林祖赓复信道：“诸学长虽远居异国，然梦萦母校、心怀桑梓，种种关怀、不胜感激。经行政办公会议研究，同意将现有之‘科学仪器与精密机械系’改为机电工程系。”1999 年，厦门大学决定撤销工学院，于同年 7 月成立物理与机电工程学院和计算机与信息工程学院(2004年更名为信息科学与技术学院)。机电工程系归入物理与机电工程学院,自动化系则归属计算机与信息工程学院。从科仪系成立到归入物理与机电工程学院,机电工程系复办前后共延续十六年(1983—1999年)。十六年复办过程艰辛,师资、教学设施和场地都很有限。至加入物理与机电工程学院时,原有教授季欧、黄长艺、陈捷光、李竞白、陈泽琬均已退休,在岗教授只有黄元庆。

1999年,厦门大学设立高等职业技术教育学院(简称高职院),在高职院设立"飞机维修工程专业",但"飞机维修工程专业"的教师归入计算机与信息工程学院的电子工程系。同年秋,学校以"飞机工程专业"在电子工程系招收本科生。

2000年1月,学校正式发文,决定将飞机维修工程专业的教师队伍划归物理与机电工程学院机电工程系,成立飞机工程教研室。1999级飞机工程专业本科生随教师划归机电工程系。同年学校以"机械类(飞机工程方向)"(简称"飞机工程专业")在机电工程系招收本科生。飞机工程专业也成为机电工程系中继机械设计制造及其自动化、测控技术与仪器外的第三个本科专业。2002年,经教育部批准,飞机工程专业更名为"飞行器动力工程"专业,并于2003年开始招收本科生。

历经20世纪50年代的院系调整,至2000年,机电工程和航空工程学科基本荡然无存。但机电工程系、航空工程系两系校友关爱母校,对复办后的学科发展倾注了大量心力。物理与机电工程学院党政领导也充分借助两系校友难得的人脉资源顺势发展。机电工程系的海内外校友捐资为厦门大学建成了萨本栋研究中心,后又建成厦门大学亦玄馆。学院始终关心和关注老校友,校庆以及院庆、系庆多次诚邀他们回到母校、母系观光讲学,为后期学科建设与发展产生了巨大影响。

2007年11月,厦门大学兼职教授、时任空军装备研究院总工程师的甘晓华(2011年当选中国工程院院士)应邀来校做"南强学术讲座"报告。讲座后他给时任厦门大学校长朱崇实写信,基于其长期从事航空技术研究和管理工作的认知,阐明随着我国综合国力的提高以及战略利益的拓展,航空事业即将进入高速发展期。他建议厦门大学将飞机工程教研室发展为院或系,这将更有利于学校事业发展,顺应国家发展需要。

2008年4月,飞机工程教研室分离出机电工程系,成立(复办)航空系,林麒教授任首任系主任，图 1-2-1 为航空系复办时的揭牌仪式。航空系成立后，积极引进人才，加强师资建设，学科建设大踏步前进，展现出强有力的发展后劲。

图 1-2-1　2008 年校庆时，厦门大学航空系揭牌

2008 年 11 月，厦门大学与中国航空工业集团公司签订“战略合作框架协议”，并敦聘中航工业总经理林左鸣、副总经理张新国为厦门大学兼职教授、博士生导师。林左鸣向学校领导提议成立航空学院，他可提供帮助。

2011 年 4 月，中国航空工业集团公司董事长林左鸣一行约 20 人来校参加 90 周年校庆。双方签订了深化战略合作协议书，同时签订“共建厦门大学航空学院”协议书，图 1-2-2 所示为双方签订协议书的现场。

2012 年 4 月 13 日，中航工业集团公司与福建省人民政府签订战略合作协议，其中约定“共建厦门大学航空学院”。

2012 年学校决定在海韵校园建设一栋新大楼，为物理、机电及航空学科发展提供更多空间和更好条件，图 1-2-3 所示为厦门大学 91 周年校庆期间学校为物理机电航空大楼举行动工仪式的现场。

图 1-2-2　2011 年校庆时，厦门大学与中国航空工业集团公司签订深化战略合作协议及共建厦门大学航空学院的协议书

图 1-2-3　2012 年校庆时，厦门大学海韵园区物理机电航空大楼动工仪式

1999—2015 年，物理与机电工程学院时任党政领导包括：党委书记（先后）赖虹凯、洪永强，院长（先后）陈金灿、吴晨旭，副院长（先后）吴正云、黄元庆、胡国

清、洪永强、陈忠、郭隐彪、姚斌、孙道恒、赵鸿、李书平，副书记张琥、林玉明、张明智、刘弢、杨旸、张秀丽、郑镇锋。

在物理与机电工程学院党政领导的合理统调下，当时实力雄厚的物理系为航空系和机电工程系在各方面提供了支持与帮助；先后腾出16间房间用于航空系与机电工程系办公和实验室建设，吴晨旭院长将院长办公室让给航空系教师使用；原物理馆副楼二层部分房间腾给电工实验室使用；后又将原物理系工会乒乓球室、老年教工棋牌室和办公室迁往他处，让出空间供航空系建科研实验室，及做发动机与飞机零配件陈列室用。

物理与机电工程学院党政领导不仅注重教学科研，同时也注重学生实习与实践教学。航空系后又增加厦门航空有限公司为实习基地，前身飞机维修工程专业在创办之初与厦门太古飞机工程有限公司合作办学，学生驻厂进行OJT（On Job Training）在岗实习，具有良好的实习条件。航空系成立后，仍长期以这两家公司为实习基地，并逐渐拓展至中国航空工业集团公司下属企业进行实习。物理系和机电工程系学生实习、实践面广，但参观类实习较多。学院整合优势资源，将原分散各系的学生实习、实践教学统一规范管理，实现资源共享，使三个系的实习和实践教学有了质的飞跃。机电工程系负责原由物理系承担的全校电工实验课，成立了机电实训中心。航空航天学院成立后，又在此基础上成立了工程技术中心，负责全校金工实习及电工电气实习。

物理与机电工程学院加强工科学科建设，对工科申报硕、博士点给予支持，二级、一级学科点先后获批，博士后科研流动站也应运而生。机电工程系、航空系携手物理系先后在四幢楼（物理馆、科学楼、祖营楼、物理机电航空大楼）艰辛办学。经过十六年（1999—2015年）的学科发展，机电、航空、自动化各系的教学科研水平均稳步提升，成为厦门大学富有特色的优势工科学科群。

三、旧业维新　后来居上（2015年至今）

进入21世纪，厦门大学瞄准国际科学前沿和国家发展战略，高度重视并大力推动工科发展。2015年4月6日，学校整合相关学科资源，由原航空系、机电工程系和自动化系成建制合并，组建成立厦门大学航空航天学院。学院的首任领导班子为：中国工程院院士、航空发动机专家尹泽勇任院长，洪永强教授任党委书记，尤延铖教授任常务副院长，孙道恒教授与兰维瑶教授任副院长，郑镇锋与洪春生任副书记。图 1-3-1 所示为航空航天学院成立大会上，时任校长朱崇实为尹泽勇院士颁发院长聘任书。

图 1-3-1　2015 年校庆时，时任校长朱崇实（右）向尹泽勇院士（左）颁发院长聘任书

（一）组织架构和基础建设

新成立的航空航天学院以加强航空航天学科建设为导向，按一级学科将原三个系拆分重设为飞行器系、动力工程系、机电工程系、仪器与电气系和自动化系，并成立工程技术中心和教育培训中心，图 1-3-2 所示为学院的组织架构。

2015—2020 年，学院共获得中央高校改善基本办学条件专项资金仪器设备购置项目 2412.3 万元用于改善本科教学实验室基本条件，建成信息控制实验室（Ⅰ期），机械基础及综合实践创新实验室（Ⅰ期），航空结构强度与基础力学平台、电气工程综合实验室（Ⅰ期），飞行器综合教学实验室（Ⅰ期），飞行器结构无损检测与健康监测专业实验室（Ⅰ期），航空发动机陈列室（Ⅰ期），创新创业基地（Ⅰ期）等，为学院教学和科研的快速发展打下坚实基础。

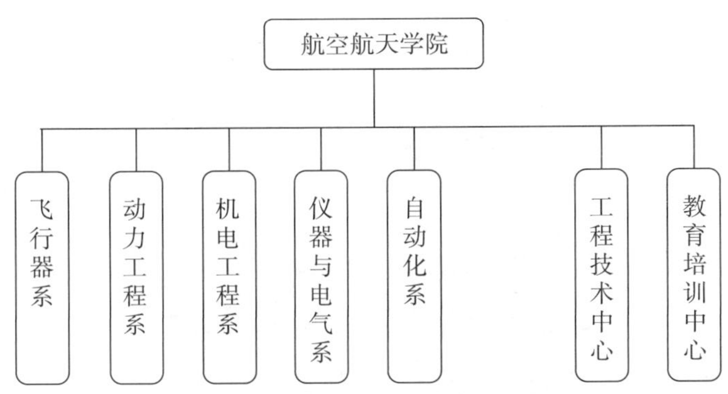

图 1-3-2　厦门大学航空航天学院组织架构

2018 年 3 月，学院整体搬迁至厦门大学翔安校区航空航天大楼（如图 1-3-3 所示），并在同年校庆时为大楼落成举行了隆重的典礼（如图 1-3-4 所示），学院办学条件得到极大提升。

图 1-3-3　厦门大学翔安校区航空航天学院大楼全景

图 1-3-4　2018 年校庆时，厦门大学翔安校区航空航天学院大楼落成典礼

（二）学科建设与师资队伍

新组建的航空航天学院面临学科布局大、涉及专业面宽、专业教师缺口大、团队专业发散的“碎片化”困境。学院凝心聚力促发展，以“双一流”学科建设为牵引、“双万计划”建设做推动，遵循“夯实基础、全面发展、突出重点”的原则，逐步进入全国赛道。

在新的平台上，学院的学科建设进一步发展。

2017 年，新增控制科学与工程一级学科博士点。

2018 年，机械设计制造及其自动化专业通过工程教育认证。

2019 年，测控技术与仪器专业入选国家级一流本科专业建设点。机械设计制造及其自动化、自动化、飞行器动力工程专业成为省级一流本科专业建设点推荐专业（直接认定专业），机械设计制造及其自动化专业入选厦门大学国家级一流本科专业建设点培育专业。

2019 年，16 门课程获厦门大学一流本科课程立项，1 门课程获批为福建省一流本科课程。

2020 年，7 门课程获厦门大学一流本科课程预立项，1 门课程获批为首批国家级一流本科课程，4 门课程获批为福建省一流本科课程。

2020 年，新增智能仪器与装备交叉学科博士点。

至 2020 年底，全院学科分布如图 1-3-5 所示。

★ 航空宇航科学与技术

◆ 飞行器动力工程
◆ 飞行器设计与工程
✧ 航空宇航科学与技术
♦ 飞行器设计
♦ 航空宇航推进理论与工程
♦ 航空宇航制造工程
❖ 能源动力
❖ 机械
□ 航空航天工程

★ 控制科学与工程

◆ 自动化
✧ 控制科学与工程
♦ 控制理论与控制工程
♦ 检测技术与自动化装置
♦ 系统工程
♦ 模式识别与智能系统
♦ 导航、制导与控制
❖ 电子信息
■ 控制科学与工程
➢ 控制理论与控制工程
➢ 系统工程
✓ 控制科学与工程

✦ 电气工程

◆ 电气工程及其自动化
❖ 能源动力

★ 机械工程

◆ 机械设计制造及其自动化
✧ 机械工程
♦ 机械制造及其自动化
♦ 机械电子工程
♦ 机械设计及理论
♦ 车辆工程
❖ 机械
■ 机械工程
➢ 机械制造及其自动化
➢ 机械电子工程
➢ 机械设计及理论
➢ 车辆工程
□ 智能仪器与装备

★ 仪器科学与技术

◆ 测控技术与仪器
✧ 仪器科学与技术
♦ 精密仪器及机械
♦ 测试计量技术及仪器
♦ 电气检测技术及仪器
♦ 转化医学
❖ 电子信息
■ 仪器科学与技术
➢ 精密仪器及机械
➢ 测试计量技术及仪器
✓ 仪器科学与技术

图例

★ 一级学科
■ 一级学科博士点
□ 交叉学科博士点
➢ 二级学科博士点
✧ 一级学科硕士点
✦ 依托学科
◆ 本科专业
♦ 二级学科学术型硕士专业
❖ 专业型硕士专业
✓ 博士后流动站

图 1-3-5　厦门大学航空航天学院学科分布一览（截至 2020.12）

航空航天学院建院以来，逐步完善教师队伍，累计引进教职工 41 人。截至 2020 年 12 月，学院共拥有专任教师 143 名、工程技术人员 50 名、党政管理人员 13 名、辅导员 7 名。在高层次人才方面，拥有工程院院士 1 人、国家高层次人才 2 人，国家自然科学基金委优秀青年科学基金获得者 1 人、教育部新世纪优秀人才支持计划 2 人、省级各类人才计划入选者 25 人次、市级各类人才计划入选者 34 人次。此外，学院柔性引进非全职教师共 35 人。师资队伍的职称、学历、人员结构得到明显改善，更符合研究型大学教学科研工作及学科建设的发展需求。

（三）人才培养

截至 2020 年 12 月，学院在校学生规模达 2283 人，其中本科生 1427 人、硕士生 687 人、博士生 169 人。

学院拥有 3 个国家级教学平台、4 个省级教学平台和多个教学实践基地（见表 1-3-1），不断加强校企合作，增强产教融合。

表 1-3-1　航空航天学院省级以上教学平台一览

国家级教学平台	厦门大学—中航工业国家级工程实践教育中心
	机电类虚拟仿真实验教学中心
	全国示范性全日制工程硕士专业学位研究生联合培养实践基地（机械工程）
省级教学平台	福建省机电工程训练中心
	福建省测控技术及仪器实验教学示范中心
	福建省机械电子工程研究生教育创新基地
	福建省控制科学与工程研究生教育创新基地

学院注重提升人才培养质量，开展学风建设月活动，建立“学业综合管理机制”。不断完善协同育人、全员育人和实践教学的机制，努力形成以人才培养为中心的质量文化，把“五育并举、德育为先”放在人才培养的首位，设计以“空天报国”为主线的思想政治课程环节。打造了“凌云拔尖计划”“名师导航计划”“旗帜工程・党员学堂”“航空报国精神与卓越人才创新训练”实践课程等一批具有学

科特色的人才培养计划。学院的人才培养，既注重新工科培养的实效性与契合度，更积极引导学生正确认识专业学习与服务社会的关系，培养学生家国情怀，实现全员育人、全程育人、全方位育人。

聚焦科技创新竞赛、以项目驱动新工科人才培养是学院的一大特色。经过多年薪火相传，“考教为科，动手为创”理念已深入学生的学习生活：搭建 RCS 创客空间、无人飞行器创新俱乐部、智能制造工程工程师训练营、航空工程创新实践平台等四个创新实践平台。已落实分布在教学区和生活区的场地面积共计 2150 平方米，正逐步完成建设。拓宽第二课堂覆盖面，建设六大科创团队、四大创新社团、两大俱乐部、十二支创新团队。完善竞赛机制，梳理四项顶级赛事、十八项重点赛事，建设竞赛项目库。

2015—2020 年，学生参与科技创新竞赛成绩斐然，获得国际、国家级奖项共计 113 项，位于全校学生科技创新成果最前列。

（四）科学研究和行业影响

航空航天学院成立伊始，学院党政领导便奔赴全国各地兄弟院校和行业单位走访调研，谋划学院发展方向，逐步形成了“结合航空航天重大需求，突破新兴方向；紧扣地方经济发展需要，高度交叉融合；发挥厦门大学国际化优势，开展国际合作”的发展思路，凝练出“三特一通”的四个重点发展方向和领域：“三特”指形成空天飞行器及动力技术、高端装备智能设计与制造、运载器复杂环境动力学与控制等三个学科特色方向；“一通”指结合厦门市航空产业发展新契机，通过先进航空工程服务技术方向拉动和促进各学科的快速融合与发展。至 2020 年底，学院已建成多个省部级和市级科研平台（见表 1-3-2）。

表 1-3-2　航空航天学院科研平台一览（截至 2020 年 12 月）

空天飞行器及动力技术	教育部先进航空发动机 2011 协同创新中心（理事单位）
	航空发动机高速推进分中心
	福建省新型先进空天动力工程研究中心
	福建省等离子体与磁共振研究重点实验室（共建）
	厦门大学飞行器/发动机一体化技术研究中心

续表

高端装备智能设计与制造	福建省高端机械装备协同创新中心(第一协同单位)
	福建省微纳制造工程技术研究中心
	福建省精密制造业技术开发基地
	福建省高端装备智能传感与控制工程研究中心
	福建省机电装备行业服务型制造创新中心
	制造业可持续发展战略与技术福建省高校重点实验室
	厦门市创新方法工程技术研究中心
	厦门大学非硅微纳系统制造技术研究所
运载器复杂环境动力学与控制	控制与导航福建省高校重点实验室
	厦门市大数据智能分析与决策重点实验室
	厦门大学系统与控制研究中心
	厦门大学—中国空间技术研究院智能控制与智能计算联合研究中心
先进航空工程服务技术	福建省传感器技术高校重点实验室
	福建省智能传感与仪器协同创新中心
	厦门市光电传感器技术重点实验室
	厦门大学航空维修与工程技术研究中心

2015—2019年,学院累计到位科研经费25554.56万元,年均同比增长约40%。2019年学院到位科研经费位居全校第六,2020年学院到位科研经费突破1.1亿元,位居全校第三。

为扩大行业影响力、传播厦门大学航空航天学院的声音,学院分别与中国航空工业集团公司、中国航空发动机集团公司、中国空间技术研究院、北京临近空间飞行器系统工程研究所、沈阳飞机设计研究所等航空航天企业开展战略合作;积极承办行业顶级学术会议,包括国际航天飞机和高超声速系统与技术会议、NSFC机械工程学科青年/地区基金交流会、飞行器健康管理技术国际研讨会、航空航天无损检测国际研讨会、全国冲压发动机会议、全国非定常流体力学会议、福建省系统工程学会学术年会等。

2019 年 4 月 23 日，由厦门大学先进空天飞行器动力团队与北京凌空天行科技有限责任公司共同研制的厦门大学“嘉庚一号”火箭在我国西北部沙漠无人区成功发射（如图 1-3-6 所示），成功完成了空气动力学测试，迈出了我国可重复使用火箭技术发展的重要一步。同年 10 月 28 日，该团队独立设计、研制、生产和试验的“南强一号”无人机在宁夏回族自治区某试验场首飞成功（如图 1-3-7 所示），进一步彰显了学院不断提升的科研实力。

图 1-3-6　厦门大学“嘉庚一号”火箭在我国西北部沙漠无人区成功发射

图 1-3-7　厦门大学“南强一号”无人机在宁夏回族自治区某试验场首飞成功

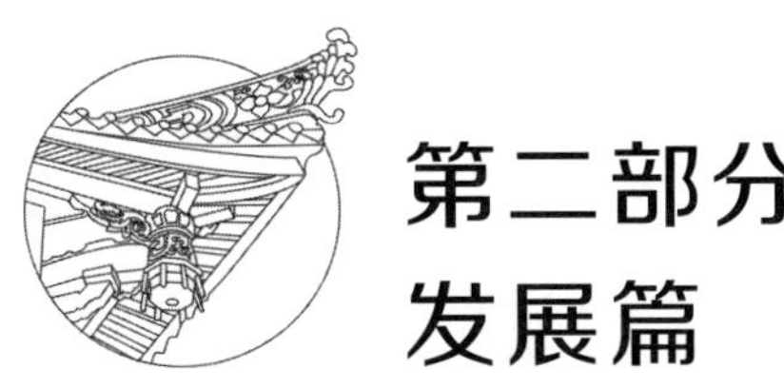

第二部分 发展篇

重组扩建　乘势而上

航空航天学院下设各系(中心)发展历程不尽相同,但均在各自领域书写着业绩,独立发展历程及基本概况如下。

一、航空系(现飞行器系与动力工程系)

(一)初创时期

抗战时期,厦门大学迁到福建长汀。1944 年 4 月,经呈请国民政府教育部正式获准后,厦门大学成立航空工程学系。厦门大学航空工程高等教育在国内起步较早,是我国高校中屈指可数的率先设立航空本科专业的院系之一。航空工程学系创办初期由时任厦门大学工学院院长、原福建省研究院工业研究所所长黄苍林教授监管。

战争年代,做学问的条件很艰苦,是航空工程学系的教师和学生一边躲避轰炸,一边潜心学术。当时学校拥有抗战时期驻守福建长汀友军赠送的“野马”和“闪电”退役战斗机各一架、汽车引擎两个、汽油发电机和手摇发电机各一台。这些在当时都是十分难得的实验器材,为航空工程学系的高质量人才培养提供了重要保障。

1946 年,航空工程学系随厦门大学迁回厦门原址,由叶蕴理教授任系主任。1946 年冬,学校在厦门征得投降日军的三艘“神风特攻”快艇,连同向空军总司令部申请到的一批仪器设备,并组建发动机、飞机结构和仪表特设三个实验室。1947 年,联合国善后救济署又拨给厦门大学一批包括发电机、原动力机、航空工程实验装备、工具机械和材料试验机等在内的设备。航空工程学系因材施教地开设了“飞机设计实习”“航空仪器实习”“发动机实习”“风洞实习”“飞机构件实物陈列”等实验课程。图 2-1-1 所示为航空工程学系成立之初，师生们在进行发动机拆装实习。

图 2-1-1 抗战时期艰苦办学，学生正在拆装发动机

当年航空工程学系的学术活动活跃，成立了厦门大学航空工程学会，图 2-1-2 所示为学会成立时的师生合影。学习之余，同学们于 1948 年 1 月创办了学术刊物《厦大航空》，如图 2-1-3 所示。左上图为《厦大航空》的封面，刊名系时任校长汪德耀所题。N.A.U.为国立厦门大学的英文 National Amoy University 的缩写，A.E.S.为航空工程学会的英文 Aeronautical Engineering Society 的缩写。右上图的上半部为《厦大航空》刊登的学术文献，下半部的“厦大航空出版委员会委员名录”里几乎全为航空工程学系各届学生。时任航空工程学系主任叶蕴理教授为《厦大航空》撰写“发刊词”（见图 2-1-3 下图）。

图 2-1-2　厦门大学航空工程学会成立时的师生合影

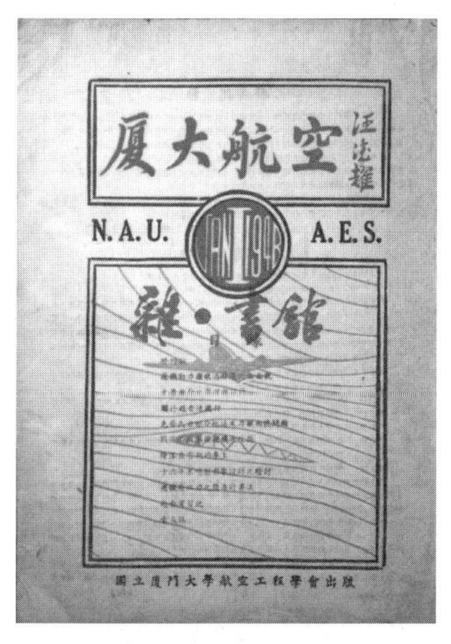

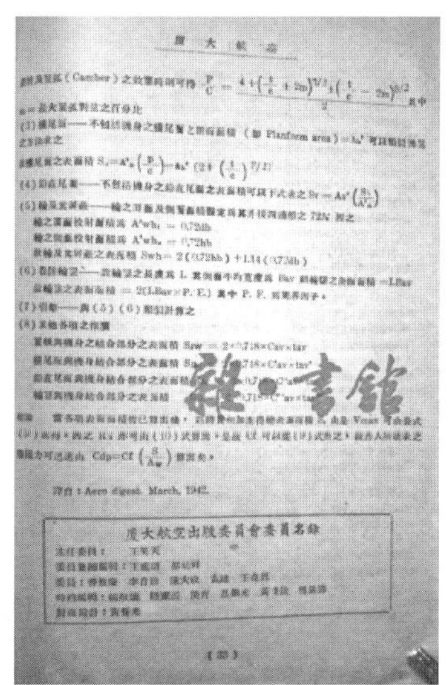
厦大航空

译自：Aero digest. March, 1942.

厦大航空出版委员会委员名录

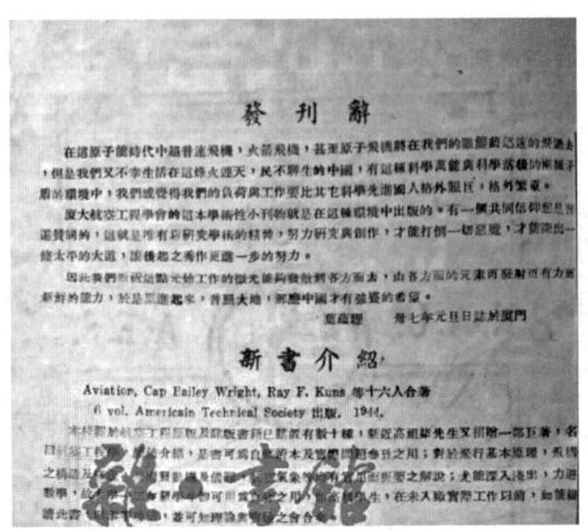

發 刊 辭

[illegible]

册七年元旦日誌於厦門

新 書 介 紹

Aviation, Cap Bailey Wright, Ray F. Kuns 等十六人合著

6 vol. American Technical Society 出版, 1944.

[illegible]

图 2-1-3　1948 年，厦大航空工程学系学生创办的学术刊物《厦大航空》

此后，田培业、林士谔教授先后继任航空工程学系主任。

1951 年，按党中央部署，全国高校开始启动院系调整。厦门大学档案馆珍藏有中央人民政府教育部盖章和时任部长马叙伦于 1951 年 5 月 12 日亲笔签发的《关于厦门大学航空系并入清华大学航空学院的函件》(案卷号：51—2)。函件中写道：

“厦门大学：全国航空系会议上决定你校航空系并入清华大学即将成立的航空学院。此项方案已奉政务院文化教育委员会批准，并经我部以(51)号行字第一二六〇号函你区教育部转知你校在案，希你校依照下列几点早日筹备。

(一)你校航空系应即派代表一人来京作为航空学院的筹备委员，处理一切筹备事宜。

(二)关于图书及设备的搬运问题，凡属航空系内书籍(或航空方面之专用书)及系内设备(笨重而不必需者暂不运，笨重而必需者可以考虑)均可运京，于他系共同使用者可考虑其实际需要情况，本节省原则与有关各方面协商决定。

(三)航空系原有之师生员工(本年度在职在学者)原则上一律迁京，并入航空学院。”

在中华人民共和国成立初期的院系调整中，厦门大学航空工程学系先并入清华大学，后又随清华航空学院参与组建北京航空学院(今北京航空航天大学)。系主任田培业、林士谔教授又都成为北航的元老，是北航建校初期 27 名教授中的两位。

航空工程学系为中华人民共和国航空航天事业起步与发展做出了杰出贡献，中国航空高校、企业、科研院所早期不少扛鼎之才都源出厦大航空工程学系。其中包括中国工程院院士张启先（1944 级）、陈一坚（1949 级），航空工业部发动机局局长王祖浒（1944 级），中华人民共和国常驻加拿大蒙特利尔的国际民航组织（ICAO）副代表、国际民航航行委员会委员陆家沂（1944 级），沈阳航空工业学院（现沈阳航空航天大学）院长陈本柱（1949 级），成都飞机设计研究所首任所长王南寿（1945 级）。当年的航空工程学系毕业生还成长出众多教授级人才，从 1944 级至 1951 级有：熊振楠、聂能光、黄俊卿、陈德辉、曹惟庆、黄建、林元刚、李正修、谢希文、忻鼎定、杨岞生、张许南、柯婉贞、周建功、刘世兴、黄养光、彭腾云、傅锡寿、王笑天、刘蝉祯、吴瑞玉、周玉佩、宋元、潘升材、林兆荣、欧学政、陈思鸿、陈毓勋、黄良等，此外还有不少隐姓埋名的在航空航天战线上为国家奉献一生者。图 2-1-4 所示为厦门大学航空工程学系 1950 届毕业生合影。

图 2-1-4　厦门大学航空工程学系 1950 届毕业生合影

（二）复办起步

1993 年，香港回归前，主业为飞机维修的香港飞机工程有限公司转移投资至厦门办厂，成立厦门太古飞机工程有限公司。当时厦门没有航空工业，也缺乏航空专业技术人才。本着为厦门市地方经济建设服务的宗旨，厦门大学应厦门市政府商请，决定在停办航空教育 40 余年后，重新开办航空专业培养航空人才。

1994 年，国家教委、厦门市政府共建的厦门大学工学院飞机维修工程专业应运而生。该专业系厦门大学与厦门太古飞机工程有限公司合作办学，由工学院直管，工学院副院长黄长艺教授作为负责人组织筹建。1994 年秋，飞机维修工程专业即招收第一届学生。由于申报时间较晚，教育部批复也迟，当年从高考落榜生中择优录取。

飞机维修工程专业设立后，工学院有关人员分头准备制订教学计划、教学大纲和招生工作。由时任校长林祖赓带队，校院负责人郑冬斯（时任校党委副书记）、黄长艺（时任工学院副院长）等组队，前往香港飞机工程有限公司考察。此后，学校和学院又多次组织专任教师前往该公司和内地有关大学、民航飞机维修机构调研学习飞机维修行业知识，还从香港飞机工程有限公司获赠了大量的技术资料。在此基础上，由林麒副教授负责制定专业教学计划和 OJT 在岗实习计划，飞机维修工程专业的教学体系逐步建立起来。

（三）师资队伍建设

飞机维修工程专业筹办之初，邀请厦门大学英语、物理、数学等退休老教师重返讲台，并邀请科仪系部分教师做好第一学期的开课准备。同时，在校内外紧急调动和招聘师资，特别是在全国各航空院校、航空工业集团所属企业和研究院所物色专业教学人才。

1994 年 11 月，林麒副教授从原任教的厦门大学海洋系调入飞机维修工程专业，为厦大复办航空教育后第一位航空专业出身的博士。1995 年，林育兹老师从位于河南信阳的中国人民解放军空军第一航空机务学校（现为中国人民解放军空军工程大学航空机务士官学校）调入。接着，厦门大学电子工程系博士生郭继杰和物理系本科毕业生黄明伟、浙江大学本科毕业生郑灵翔先后加入飞机维修工程专业教师队伍。1996 年初，从南京航空航天大学引进黄太平教授，从中航工业集团在太原和贵州的大型企业调入高级工程师林辉和吴榕；1996 年下半年，从沈阳和江西等地的飞机设计所调入工程师熊光明、翁梓华、郭立军等。至此，专任教师人数达 11 人，形成了一支拥有丰富航空专业知识和工程经验的教师队伍，初步满足了教学需要。

1996 年下半年，工学院成立了由院长助理许茹、林麒和吴榕为组员的专业领导小组。组长许茹负责行政管理，林麒负责主持日常业务，吴榕负责实验室与学生工作。三人小组制定了发展计划和内部规章制度，推动了专业的规范化管理和学科发展。2000 年，飞机工程专业并入机电工程系，黄太平、翁梓华相继负责主持飞机工程教研室日常工作。2004 年，机电工程系副主任叶军君兼任飞机工程教研室主任，吴榕负责主持飞机工程教研室日常工作。

航空系复办后，2008—2014 年，林麒教授任系主任、吴榕副教授任副主任。期间，航空系从德国引进鲍锋博士、尤延铖博士担任教授，从美国引进曾志伟博士担任教授、王培勇博士担任副教授，从韩国引进李卫彬博士担任助理教授。尤延铖教授于 2013 年初任系副主任，2014 年底任系主任。自 2008 年起，航空系还先后从南京航空航天大学、西北工业大学、北京航空航天大学、浙江大学、大连理工大学等高校引进多位博士任副教授及助理教授，师资队伍不断壮大。

2008 年 12 月，中航工业集团公司与厦门大学签订战略合作协议。2011 年 4 月，中航工业集团公司又与厦门大学签订“共建厦门大学航空学院”的协议，约定由中航工业负责派出所属单位的中国科学院院士、中国工程院院士等著名航空专家和高级工程技术人员担任航空学院教授和研究生导师，院长由中航工业选派专家担任。

2015 年 4 月，厦门大学航空航天学院成立，以原航空系教师为主组建飞行器系、动力工程系。吴榕副教授任飞行器系副主任（主持工作）、孙洪飞教授任副主任；动力工程系由邢菲副教授任副主任（主持工作，2016 年 2 月—2016 年 12 月）、王希副教授任副主任；2016 年 12 月至今，王培勇教授任动力工程系主任，王希副教授任副主任。两系又迎来一波新的引进人才高潮，尤其是引进了国家高层次人才卿新林教授和罗华耿教授。原航空系部分教师参与了仪器与电气系的组建，并成为中坚力量。

为加强航空学科的师资队伍，学校还为学院聘任了中国工程院陈一坚院士和甘晓华院士为兼职教授，中国工程院朱广生院士、德国科学院院士 Donald Dineill 为杰出讲座教授；航天一院辛万青研究员、美国 Aerojet 公司 Adam Siebenhaar 博士、德国航空航天中心 Klaus Hannemann 博士等为讲座教授；聘任“八一勋章”和建国 70 周年“最美奋斗者”荣誉称号获得者、英雄试飞员李中华，以及时任成都飞机设计研究所副所长桑建华研究员等一批航空航天界精英为兼职教授，并邀请他们来校做“南强学术讲座”报告和短期讲学。

（四）学科建设

航空系自1944年开办，在1951年全国院系调整中整体并入清华大学。1994年应厦门市经济建设需求再启航空教育，首先创办了飞机维修工程专业三年制专科，至2007年停止招生。1999年开始以飞机工程专业招收本科生。2003年改为以“飞行器动力工程”专业招收本科生。2006年，航空学科获批“航空宇航制造工程”二级学科硕士学位授权点，次年首批航空学科硕士生入学。

2008年航空系复办后，下大力气抓学科建设。2009年，厦门大学参加由教育部学位与研究生教育发展中心组织的第二轮第二批学科评估工作，13个一级学科排名进入全国学科评估前十名，航空系的“航空宇航科学与技术”一级学科排名进入全国学科评估第九名。2011年，航空系申请获批“航空宇航科学与技术”一级学科硕士学位授权点。2012年，航空系开始以“航空宇航科学与技术”一级学科点招收研究生，同年该一级学科点获评福建省重点学科。2014年航空系获批“航空工程”工程硕士学位授权点、“航空航天工程”交叉学科博士学位授权点，并于2015年开始招生。

在学科建设发展的同时，本科专业教育也在进步。2008年，“飞行器动力工程”专业获批国家级卓越工程师项目和福建省高等学校特色专业建设项目，2013年入选教育部“卓越工程师教育培养计划”。2014年，航空系获批“飞行器设计与工程”专业，并于第二年开始招生。

（五）教学与实习实训

1994年起，厦门大学飞机维修工程专业与厦门太古飞机工程有限公司合作办学。厦门太古不仅长期无偿地为该专业及后续的航空系学生提供在岗OJT实习的优越条件，还长年无偿指派其培训部教师进驻厦门大学，为学生讲授专业英语课程。1995年，飞机维修工程专业与太古公司培训部共同制定了学生OJT实习的教学计划和具体的实习大纲。太古公司培训部长期指派教师到厦大为学生授课，特别是飞机维修工程专业初办的前几年，授课教师还常驻厦大。厦门航空有限公司也为飞机维修工程专业提供实习场地，并指派一批经验丰富的资深工程师担任兼职教师。图2-1-5所示为飞机维修工程专业1994级学生于1995

年在厦门太古公司实习的场景。

图 2-1-5　1995 年，飞机维修工程专业 1994 级学生在厦门太古公司培训部车间进行 OJT 实习

图 2-1-6 所示为飞机维修工程专业教师林麒、吴榕与厦门太古公司具体指导学生实习教师于 1996 年的合影。

图 2-1-6　1996 年，飞机维修工程专业教师与厦门太古公司的实习指导教师合影

飞机维修工程专业创办之初，为解决教材缺乏问题，工学院组织专业教师紧急编写教材，并组织人员自力更生印刷教材。林麒、黄太平、吴榕、翁梓华、林辉、

熊光明、郭继杰、林育兹等教师分别开设了“民航概论”“工程力学”“工程制图”“电子技术”“热流体力学”“工程材料学”“测试技术”“机械设计基础”“液压传动”“民航英语”“飞机性能”“飞机系统”“飞机动力装置”“飞机电气系统”“自动驾驶仪”“航空仪表”“民航法规”“民航维修管理”等课程，保证了首届学生圆满完成教学计划，顺利毕业。

1997 年 6 月底，学校为首届学生举行了隆重的毕业典礼(如图 2-1-7 所示)。厦门市政府对此非常重视，因故无法参加的时任市长洪永世特地委派市政府秘书长代表他参加毕业典礼，并宣读他的贺信。

图中左下角为该届毕业生代表申凌龙发言。

图 2-1-7　1997 年 6 月 28 日，1994 级飞机维修工程专业学生毕业典礼

飞机维修工程专业开办之初，香港飞机工程有限公司无偿赠送一个波音 747—400 型客机的机头给该专业作为教具，并通过海运由香港运抵厦门。1999 年初，太古公司又向航空系赠送一批免税的波音 747—400 型飞机航材，用于所赠波音 747—400 型飞机机头的装修改造。图 2-1-8 所示为香港飞机工程有限公司所赠波音 747—400 型飞机机头。

图 2-1-8　位于王清明游泳馆附近的波音 747—400 飞机机头

2003 年,厦门太古飞机工程有限公司赠送一架波音 747—200 飞机机体给厦门大学,供航空教育相关专业学生实习使用,如图 2-1-9 所示。

图 2-1-9　飞机垂尾喷有厦门大学校徽的 B747—200 飞机机体

(左下角:熊光明副教授带领学生参观学习所赠飞机;右下角:厦门大学航空教学实习基地标牌竖立在所赠飞机头等舱内。)

2002 年,教育部划拨经费供高职院建设实验室。高职院将其中的 250 万元用于建设航空机电维修专业实验室,并委托飞机工程教研室负责建设,教研室统一制定了建设规划。飞机工程教研室从哈尔滨发动机公司(122 厂)购买了一台解剖的涡桨 5 发动机；在襄樊空军修理厂购买了一台涡喷 7 发动机及其全套拆装工具；2005 年，从沈阳发动机有限公司（410 厂）获赠一台 MK512 型斯贝发动机，并经过西安航空发动机公司（430 厂）进行解剖。以这三台发动机为基础，航空系组建了航空发动机实验室。其中，两台解剖发动机用于教学展示，涡喷 7 发动机供学生拆装动手实践学习。图 2-1-10 为航空发动机陈列室，陈列了上述各型航空发动机，供学生专业课程学习之用。

图 2-1-10　航空发动机陈列室

在学校拨款和中央修购计划支持下，航空系建成的实验室有：配有 PIV（Particle Image Velocimetry，粒子图像测速）系统的循环水洞实验室、电磁无损检测实验室、基于三轴转台的半物理飞行仿真平台实验室等。图 2-1-11 至图 2-1-13 为部分实验室。

图 2-1-11　配有 PIV 系统的循环水洞实验室

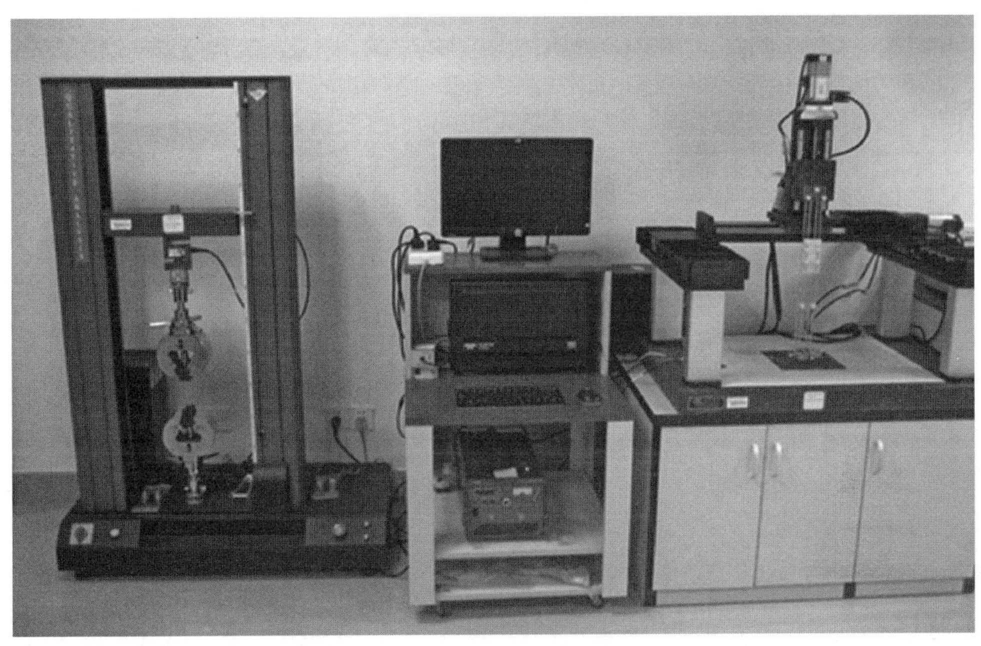

图 2-1-12　电磁无损检测实验室

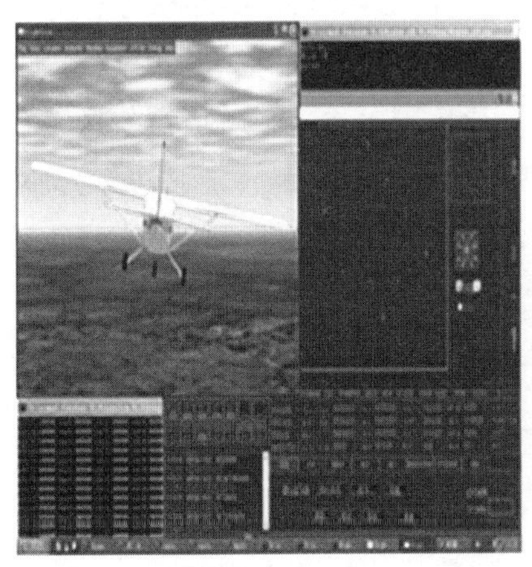

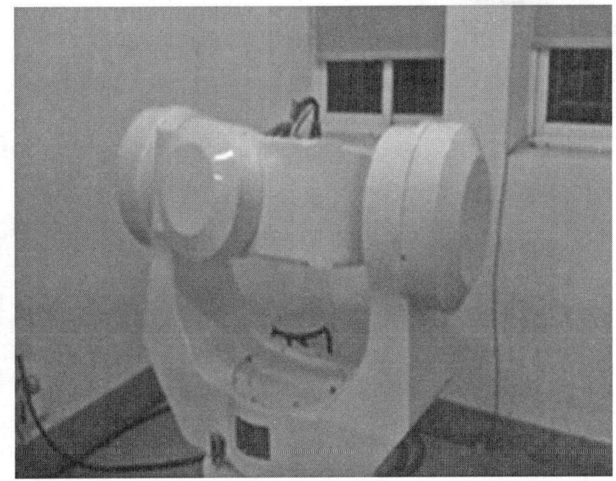

图 2-1-13　基于三轴转台的半物理飞行仿真平台实验室

中航工业集团公司在与厦门大学签订合作协议后，信守承诺，为航空系学生提供多家企业作为实习基地。

2010 年 7 月，航空系 2007 级学生在李俭助理教授带领下前往中航工业陕飞公司实习一个月，拉开了本科生出省赴中航工业集团公司所属企业远程实习的序幕。图 2-1-14 为实习结束时，时任系主任林麒代表学校向陕飞公司送去感谢的锦旗。

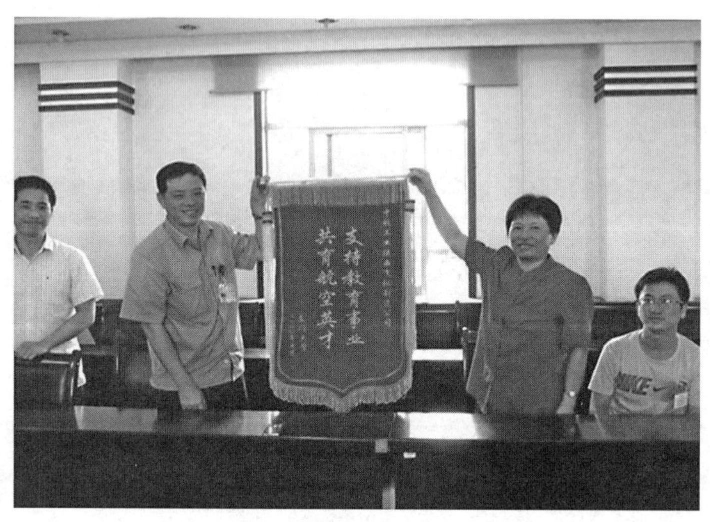

图 2-1-14　航空系时任主任林麒代表厦门大学向陕西飞机公司送去锦旗以示感谢

2014 年 7 月 1 日，我校与中航工业集团公司下属企业洪都航空工业集团签订协议，共建国家级工程实践教育中心。

此后，学院又在位于株洲的中国航发南方工业有限公司、位于南昌的中航工业洪都集团公司、中航工业成都凯天电子公司、位于南京的中航工业机电液压工程研究中心等单位建立了实习基地。

图 2-1-15 为飞行器与设计工程专业师生在航空工业成都凯天电子厂实习时的合影。航空专业非常注重学生所学理论与实践相结合，图 2-1-16 为飞行器系学生在校外上实验课。

图 2-1-15　2017 年，飞行器与设计工程专业学生在航空工业成都凯天电子厂实习

图 2-1-16　飞行器系学生的“自动飞行控制系统”校外实验课

航空系教学成果丰硕，于 2001 年、2014 年分获福建省教学成果二等奖（证书见图 2-1-17、图 2-1-18），2020 年获福建省教学成果一等奖（证书待发）。青年教师在学校教学比赛中屡获佳绩：2012 年，尤延铖在首届英语教学比赛中获得一等奖；2013 年，董一巍在第十届青年教师教学技能比赛中获得二等奖；2014 年，李卫彬、黄玥在第三届英语教学比赛中获得二等奖；2015 年，朱呈祥在第四届英语教学比赛中获得二等奖，郭志明在第十届青年教师教学技能比赛中获得最佳教案奖。

福建省
高等教育教学成果
获奖证书
证书编号：200109

成果名称：采用新模式培养国际航空维修人才
获奖者：林　麒、吴　榕、林　辉
许克平、许　茹
获奖等级：二等奖
福建省教育厅

图 2-1-17　2001 年获福建省高等教育教学成果二等奖

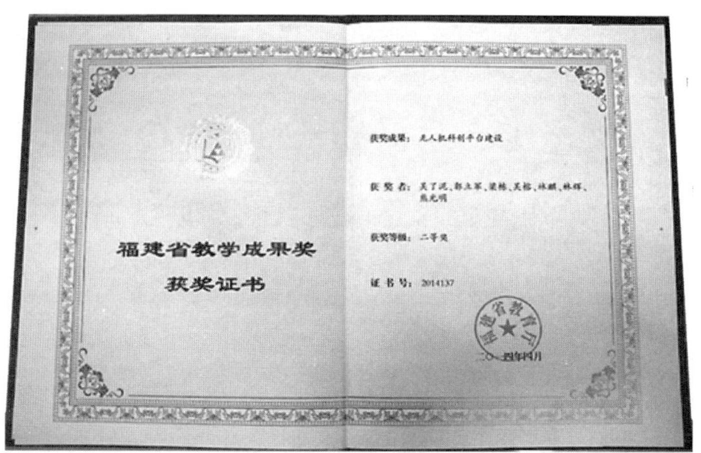
福建省教学成果奖
获奖证书

获奖成果：无人机科创平台建设
获奖等级：二等奖
证书号：2014137
二〇一四年四月

图 2-1-18　2014 年获福建省高等教育教学成果二等奖

航空系注重本科生科创训练，先后成立了厦大航模队与厦大无人机队，积极参加国内、国际航空专业类科创竞赛。图 2-1-19 为 2013 年航空系组队参加竞赛时的师生合影。

图 2-1-19　2013 年 9 月，航空系组队参加中航工业杯一第二届国际无人飞行器创新大赛

近年来，飞行器系和动力工程系与传统航空院校及全国各院校同台竞技，斩获诸多国家级奖项。航空专业类科创竞赛已成为学生科创品牌，主要获奖情况如表 2-1-1 所示。

表 2-1-1　航空学生专业类科创竞赛获奖情况表

序号	年份	竞赛名称	主办单位	获奖情况
1	2020	中国国际飞行器设计挑战赛总决赛	国家体育总局航空无线电模型运动管理中心、中国航空运动协会、中国大学生体育协会	一等奖 1 项、二等奖 2 项、三等奖 1 项
2	2020	“飞鲨杯”第六届中国研究生未来飞行器创新大赛	教育部学位与研究生教育发展中心、中国科协青少年科技中心、国际宇航联合会、中国宇航学会、中国航天基金会、中国航空学会	二等奖 1 项、三等奖 2 项、最佳组织奖 1 项、优秀指导老师 2 项

续表

序号	年份	竞赛名称	主办单位	获奖情况
3	2019	“飞鲨杯”第五届中国研究生未来飞行器创新大赛	教育部学位与研究生教育发展中心、中国科协青少年科技中心、国际宇航联合会、中国宇航学会、中国航天基金会、中国航空学会	一等奖 1 项、二等奖 3 项、三等奖 8 项、优秀工作者 1 项、最佳组织奖 1 项、优秀指导老师 4 项
4	2019	中国国际飞行器设计挑战赛总决赛	国家体育总局航空无线电模型运动管理中心、中国航空运动协会、中国大学生体育协会	一等奖 2 项、二等奖 3 项、三等奖 3 项、团体季军 1 项
5	2018	“罗麦杯”第四届中国研究生未来飞行器创新大赛	教育部学位与研究生教育发展中心、中国科协青少年科技中心、国际宇航联合会、中国宇航学会、中国航天基金会、中国航空学会	二等奖 1 项、优秀工作者 1 项、最佳组织奖 1 项
6	2018	中国国际飞行器设计挑战赛总决赛	教育部办公厅、国家体育总局办公厅、中国科学院办公厅	一等奖 2 项、二等奖 4 项、三等奖 2 项、团体季军两项
7	2018	中国国际飞行器设计挑战赛暨科研类全国航空航天模型公开赛	中国航空运动协会	一等奖 1 项、三等奖 2 项
8	2017	中国国际飞行器设计挑战赛总决赛	教育部办公厅、国家体育总局办公厅、中国科学院办公厅	一等奖 1 项、二等奖 2 项、三等奖 3 项

续表

序号	年份	竞赛名称	主办单位	获奖情况
9	2017	中国国际飞行器设计挑战赛暨科研类全国航空航天模型公开赛	中国航空运动协会	二等奖1项、三等奖1项
10	2017	“罗麦杯”第三届中国研究生未来飞行器创新大赛	教育部学位与研究生教育发展中心、中国科协青少年科技中心、国际宇航联合会、中国宇航学会、中国航天基金会、中国航空学会	三等奖2项、优秀工作者1项、最佳组织奖1项
11	2016	中国国际飞行器设计挑战赛总决赛	教育部办公厅、国家体育总局办公厅、中国航空运动协会	一等奖2项、二等奖4项、三等奖3项、团体第六名
12	2016	中国国际飞行器设计挑战赛暨科研类全国航空航天模型公开赛	中国航空运动协会	一等奖1项、团体第五名
13	2016	“飞豹杯”全国大学生航空航天知识竞赛全国总决赛	中航工业集团第一飞机设计研究院	团体二等奖
14	2015	中国国际飞行器设计挑战赛总决赛	教育部办公厅、国家体育总局办公厅、中国航空运动协会	一等奖2项、二等奖1项、三等奖4项、团体第五名
15	2015	科研类全国航空航天模型公开赛	中国航空运动协会	二等奖2项、三等奖1项

续表

序号	年份	竞赛名称	主办单位	获奖情况
16	2015	“中航工业杯”第三届国际无人飞行器创新大赛	中国航空学会等	创意赛创意新星奖、创意奖
17	2014	科研类全国航空航天模型锦标赛	国家体育总局航空无线电模型运动管理中心	二等奖2项、三等奖4项、团体第四名、优秀指导老师奖、优秀团队奖
18	2013	科研类全国航空航天模型锦标赛	国家体育总局航空无线电模型运动管理中心	三等奖2项、优秀指导教师
19	2013	“中航工业杯”第二届国际飞行器创新大赛	中国航空学会等	荣获创意类优秀奖
20	2011	“中航工业杯”首届国际飞行器创新大赛	中国航空学会等	荣获创意类三等奖（第九名）

2018年，航空航天学院学生组成厦大代表队参加国家级研究生赛事——“中国研究生未来飞行器创新大赛”，获奖者之一的郭佳凡系飞行器动力工程专业2016级本科生，他于2019年荣获国家奖学金，并作为获奖学生代表荣登《人民日报》。

2019年，飞行器系、动力工程系相互配合、共同承办了中国研究生未来飞行器创新大赛。研究生们不仅在国家级竞赛中屡获佳绩，在科研上也硕果累累。航空航天工程专业2017级博士生施崇广于2020年荣获北京航空航天大学第三届“航空强国中国心”教育基金创新奖学金。

（六）科学研究

2000年前，飞机维修工程专业是一个纯教学单位，教师主要从事航空维修人才培养工作，鲜有开展科学研究。1995 年，林麒和林育兹合作的论文被中国民航维修业有史以来规模最大、技术规格最高的专业性研讨会——'95 中国民用飞机维修国际研讨会论文集所收录，这成为航空专业教育复办以来最早的一项科研成果。

归属物理与机电工程学院机电工程系后，教师们开始启动科学研究活动。2004 年，林麒教授获批国家自然科学基金面上项目及省、市资助的科研项目，开启了厦门大学复办航空教育后航空领域的科研活动。后来陆续引进的教师也积极主动地开展科研工作，申请各种科研项目。至 2014 年底，航空系全部正教授都主持国家级项目；三分之二的副教授主持国家级项目；三分之一的教师与国内外航空航天领域单位开展科研合作，承担科研项目。航空航天学院成立前的三年，航空系拥有稳定的科研项目与经费，每年合同总经费和到校经费均超过 1000 万元。其中从中航工业获得的资助约 1600 万元，另有多项与航天科研院所的合作。

航空系教师在科研活动中积极自建实验室，如新型先进空天动力实验室、结构强度实验室、无人机实验室、风洞模型支撑机器人实验室、微波电磁暗室、配有 PIV 系统的实验流体力学实验室、燃烧实验室等，在配合国家重大需求等方面做出了贡献，也为提升科研水平创造了条件。

航空航天学院成立后，以“旧业维新，后来居上”院训为指引，飞行器系和动力工程系科研活动快速增长。航空航天学科面向国家航空航天重大需求，组织团队聚焦涡轮基组合动力、航空发动机等基础研究，为我国先进动力贡献了厦大力量。近六年来，飞行器系、动力工程系累计到位科研经费近 1.5 亿元，承接 3000 万以上的项目 2 个；仅 2020 年，两个系获得的科研经费总额就达到 5100 万元，人均近 140 万元，为学院科研事业发展做出了重大贡献。

以飞行器系和动力工程系青年教师组成的先进空天动力研究团队为代表，他们以“双一流”学科建设为牵引，以航空发动机高速推进分中心、福建省新型先进空天动力工程研究中心为依托，围绕民用涡轮基组合动力系统研制、高速飞行器空气动力学设计、飞行器/发动机一体化技术等方向承担了国家重大科技专项、国家自然科学基金、福建省产学研专项等各类重大课题，课题研制经费近亿元。相关科研成果分别获得福建省科学技术进步一等奖（证书见图 2-1-20）、教育部技术发明一等奖（证书待发）、福建省紫金科技创新奖等科研奖励。2019

年，新型先进空天动力团队获评福建省专业学位研究生导师团队，带头人尤延铖教授先后获中国青年五四奖章、高超声速冲压发动机“兴洲奖”。

为表彰福建省科学技术进步奖获得者，特颁发此证书。

获奖项目：基于乘波原理的飞行器前体/进气道/发动机一体化设计方法及应用

获 奖 者：尤延铖、朱呈祥、朱剑锋、李怡庆、黄 玥、吴了泥、邱若凡、李 涛、施崇广、郑晓刚

奖励等级：一等奖

奖励日期：2020年11月

证书编号：2019-J-1-009-02

图 2-1-20 福建省科学技术进步一等奖证书

飞行器系和动力工程系学术活动活跃，积极承办各种学术会议，开展国内外学术交流。近 5 年承办国际会议 2 场、全国性学术交流会 10 多场，图 2-1-21 至图 2-1-27 为部分会议场景或参会代表合影。其中，由美国航空航天学会和中国工程院主办、机械与运载工程学部和厦门大学承办的“第 21 届 AIAA 国际航天飞机和高超声速系统与技术大会”（21st International Spaceplane and Hypersonic Systems and Technologies Conference）在厦门大学举行，这是美国航空航天学会成立以来第一次在中国召开会议。

图 2-1-21　2015 年,第五届冲压发动机技术交流会在厦门大学举办

图 2-1-22　2016 年,第三届全国非定常空气动力学学术会议在厦门大学举办

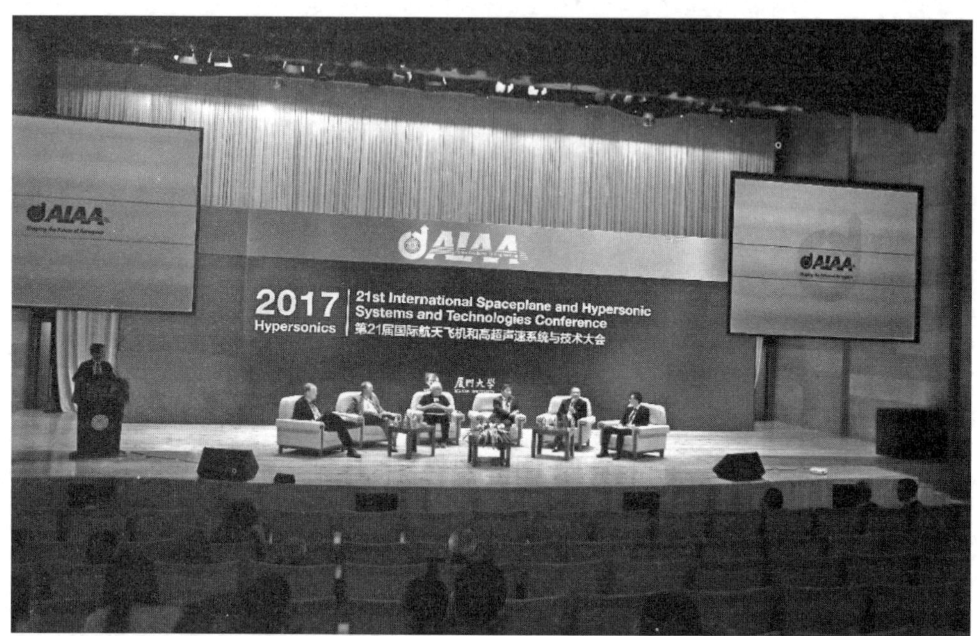

图 2-1-23　2017 年，第 21 届 AIAA 高超会议在厦门大学举办

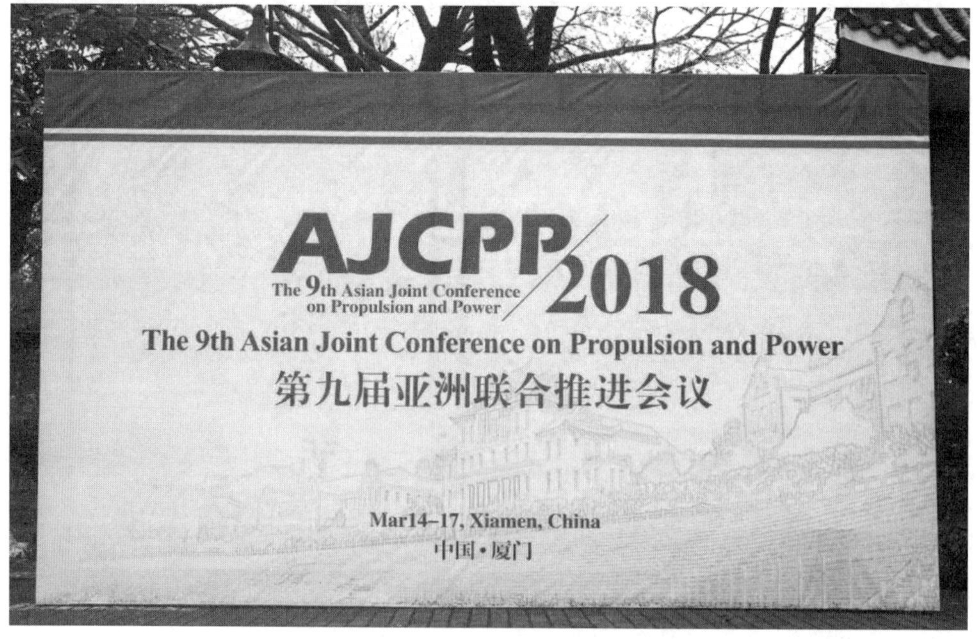

图 2-1-24　2018 年，第 9 届亚洲联合推进会议在厦门大学举办

图 2-1-25　2018 年，飞发一体化学术会议在厦门大学举办

图 2-1-26　2020 年，第 19 届全国激波与激波管学术会议在厦门大学举办

图 2-1-27　2020 年，第 19 届全国高超声速气动力/热学术交流会在厦门大学举办

二、机电工程系

（一）办学历程

陈嘉庚先生创办厦门大学之初，便锐意培养国家紧缺型人才。抗战时期，土木建筑、机械、电机、航空等工科方面人才紧缺，时任校长萨本栋教授决定开办机电工程学系（内设机械组和电机组），这是厦门大学最早创办的工科系之一。

1939 年，广西大学朱家炘教授应萨本栋校长之邀，到抗战时期内迁至长汀的厦门大学任土木工程学系教授，并筹备成立机电工程学系。1940 年秋，机电工程学系成立，朱家炘教授担任第一届系主任（1940—1945 年）。机电工程学系初期主要教学骨干有时任校长萨本栋教授、朱家炘教授、张稼益教授等，是当时厦门大学师资水平最高、对新生最具吸引力的系。

1948 年 7 月，机电工程学系分设机械工程学系和电机工程学系（后系内增设电信组），朱家炘教授、寿俊良教授分别担任两系主任。至此，厦门大学机电工程高等教育更为精细，办学层次大为提高。

中华人民共和国成立后，为响应全国院系大调整的号召，机械工程学系和电机工程学系的电机组并入浙江大学，电机工程学系的电信组并入南京工学院（现东南大学）。上述院校机电工程专业创建初期的骨干师资、优质生源有相当部分源自厦门大学。全国院系调整之后，厦门大学机电工程教育出现真空，但此次调整亦可视为厦门大学机电工程教育开枝散叶的过程，为多年之后机电工程系的复办埋下伏笔。

为适应经济发展的需要，自 1980 年起，各高校陆续开办或复办各类专业。是年 6 月，利用召开文、理科发展规划座谈会的契机，厦门大学部分教师建议恢复工学专业，会后提出了建立科学仪器工程系的书面意见，同时向国家仪器仪表工业总局和中国仪器仪表学会反映。

1981 年 5 月 10 日，厦门大学在向教育部呈报的《关于我校“六五”计划和十年设想的报告》中，正式提出设置科学仪器工程专业的设想。国家仪器仪表工业总局也于 1982 年 2 月致函教育部，建议“同意厦门大学、天津大学两校设立分析技术及仪器专业”。适逢新创立的厦门经济特区急需工科人才，教育部正式同意厦门大学增设科学仪器工程专业。1983 年 6 月，厦门大学成立科学仪器工程系（简称科仪系），任命厦门大学化学系分析化学专业季欧副教授为系主任。

1996 年，科仪系增设机械设计制造及其自动化（机械电子工程）专业。

1998 年，机电工程系第一届至第十届毕业校友代表何宜慈、苏林华、葛文勋、邵建寅向母校发起建议书：“时下国家进行现代化建设，需才孔殷。”为配合国家经济在全球之领导地位，培养机电人才，呼吁母校复办机电工程系，重建昔日之辉煌。时任林祖赓校长复信道：“诸学长虽远居异国，然梦萦母校、心怀桑梓，种种关怀、不胜感激。”经学校行政办公会认真研究，认为恢复设立机电工程系，既有其辉煌之历史，又有一定之办学基础，既是诸学长之企盼，又符合母校学科建设之发展规划，同意将现有之“科学仪器与精密机械系”改为机电工程系。

1998—2015 年，在原科仪系（仪器学科）的基础上开始了机电工程系的建设。2015 年，机电工程系从物理与机电工程学院划出，成为新组建的航空航天学院的一员。

机电工程系 1998 年复办时仍保持科仪系时期的两个教研室：机械教研室和测控教研室，2000 年增加飞机工程教研室。

2000 年，机电工程系设有机械设计制造及其自动化、测控技术与仪器、机械类（飞机工程方向）三个本科专业。

机电工程系复办后的几年，除了原科仪系于 1991—1996 年期间引进的来自中国科技大学韩雷博士、上海交通大学的胡国清博士、浙江大学的游龙翔博士和冯勇建博士，以及北京航空航天大学的周学才博士和邱士均博士，又先后引进了孙道恒（1999 年 3 月，西南交通大学博士后）、叶军君（2000 年 7 月，西安交通大学博士）、郭隐彪（2000 年 8 月，日本东北大学博士后）、姚斌（2003 年 7 月，西安交通大学博士）、席文明（2003 年 8 月，南京航空航天大学博士后）、侯亮（2004 年 2 月，浙江大学博士后）、张建寰（2004 年 3 月，哈尔滨工业大学博士）等博士，2000 年 8 月引进空军第二航空学院副教授洪永强。

2001 年，孙道恒获得国家自然科学基金面上项目，为机电工程系复办后的第一个获得者。2003 年，洪永强获得厦门大学优秀党务工作者，是 10 名获奖者中唯一的专任教师。1999—2012 年，林麒担任福建省力学学会副理事长；2001—2005 年，黄元庆担任教育部仪器仪表学科教学指导委员会首届委员；2001—

2004 年，黄太平担任福建省航空学会第三届理事长；2001—2004 年，郭隐彪担任福建省工程机械学会副理事长；2017—2021 年，孙道恒担任福建省工程机械学会副理事长。

2002 年 10 月，机电工程系成功承办首届教育部仪器仪表学科教学指导委员会会议和全国仪器仪表学科教学研讨会，本次会议扩大了厦门大学仪器学科在全国的影响，为后续博士学科点的建设增强了软实力。

在逐步发展过程中，机电工程系办学层次逐渐优化，2003 年获批"测试计量技术及仪器"二级学科博士点。

机电工程系复办后，黄元庆任系主任（1998—2004 年），朱立秒任系副主任。第二届系主任（2004—2008 年）郭隐彪，系副主任陈永明、叶军君；第三届系主任（2008—2012 年）孙道恒，系副主任叶军君、席文明；第四届系主任（2012—2016 年）侯亮，系副主任吴德会、卓勇；第五届系主任（2016—2019 年）侯亮，系副主任周伟、祝青园；第六届系主任（2019 至今）周伟，系副主任祝青园、王凌云。

机电工程系现有专任教师（含兼职）55 人，已形成一支由 1 名海外高层次引进人才、1 名长江学者讲座教授、1 名厦门大学特聘教授、1 名国家优秀青年科学基金获得者、1 名福建省科技创新领军人才、1 名福建省杰出青年科学基金获得者、5 名闽江学者/厦门大学讲座教授等高层次人才组成的年龄结构合理、技术特长明确的高水平科研队伍。专任教师主要由中青年学术骨干组成，其中教授 10 人、副教授 19 人、助理教授 9 人，90%以上具有博士学位，80%以上具有国外留学访问经历。

（二）学生培养

早期机电工程学系建立之后，从 1941 年度招收学生 9 人到 1945 年度招收 165 人，连续几年为厦门大学第一大系，办学成绩斐然，毕业学生遍布世界各地，不少系友成为享誉世界的杰出英才。先后培养了台湾新竹科学工业园区创始人与杰出教育家何宜慈（1940 级），台湾中国钢铁公司创办人、首任董事长陈振华（1942 级），国际电机及电子学会会士葛文勋（1942 级），中国工程院院士、山东大学教授艾兴（1942 级），菲律宾实业家、华文教育家邵建寅（1943 级），菲律宾实业家、社会活动家庄汉水（1943 级），国际电网理论专家苏林翘（1943 级），台湾电讯电子企业家、原联合光纤通讯董事长金世添(1943 级),台湾知名企业家周咏棠(1944 级),中国科学院院士、浙江大学教授阙端麟(1947 级),中国科学院院士闵桂荣(1952 级)等一大批高水平专家学者和专业人才,为国家建设发展做出了重要贡献。

1983 年,新成立的科仪系设四年制科学仪器工程专业,侧重培养涉及分析仪器的研究、设计、制造与应用方面的专门人才。建系以来,逐步设立了仪表工艺学、工程光学、电子与离子光学、电工学、电子学、仪器仪表智能化、测试技术、传感器、光谱仪、色谱仪、极谱仪、质谱仪、波谱仪、热谱仪等实验室。科仪系实验室总面积约 1600 平方米,拥有价值超 200 万元的仪器设备,初步满足了教学实验需求。1983 年秋,科仪系招收本科生 10 名;1984 年,招收本科生 20 名;1985—1996 年,每年招收本科生 30 名左右。

机电工程系(初期主体为科仪系)复办之初便具备较强的办学层次,1983 年招收研究生 3 名,此后研究生培养人数逐渐递增。机电工程系办学层次逐渐优化,2003 年获批"测试计量技术及仪器"二级学科博士点,2005 年获批"精密仪器及机械"二级学科博士点,2006 年获批机械电子工程二级学科博士点,2010 年获批"仪器科学与技术"一级学科博士点,2011 年获批"机械工程"一级学科博士点,2012 年机械工程一级学科被列为福建省重点建设学科,并获批"仪器科学与技术"一级学科博士后流动站。

机电工程系秉持"学生为中心,产出为导向"的发展方针,高度重视人才培养质量,始终致力于培养优秀的教风和学风、致力于遵循人才培养规律的教学改革,成立了多个国家级、省级教学中心,拥有价值 6000 余万元的各类教学设备,面向全校本科生开设金工实训课程,成为全校性的本科生创新基地,为人才培养提供了有力支撑,努力打造适应社会需求的优秀工科毕业生。

机电工程系现有在校学生 600 余人,全日制本科生、硕士研究生和博士研究生每年招生数约为 70 人、80 人、15 人。机电工程系目前已拥有机械工程一级学科博士学位授权点和工程硕士(机械工程领域)授权点,机械电子工程、机械制造及其自动化、机械设计及理论、车辆工程四个方向招收硕/博士研究生。机械设计制造及其自动化本科专业已通过中国工程教育认证,并入选福建省一流本科建设专业和国家一流本科重点培育建设专业。

机电工程系教学成果得到了国家和省级主管部门的认可。2013 年,机械设计制造及其自动化专业入选教育部第三批卓越工程师计划；2014 年，获批国家级机电类虚拟仿真实验教学中心；2015 年，机械工程学科顺利通过福建省教育厅组织的省级重点学科考核验收评估；2016 年，获评全国示范性全日制工程硕士专业学位研究生联合培养实践基地，机械设计制造及其自动化专业获批福建省服务产业特色专业；2018 年，孙道恒教授牵头的微纳结构智能制造团队入选福建省博士生导师团队；2019 年，机械设计制造及其自动化专业通过工程教育认证并纳入《华盛顿协议》互认名单。

（三）突出成绩

机电工程系复办以来的二十余年间，在科研、对外交流以及学科影响力方面都取得了优异成就。

科研方面：机电工程系以国家重大战略需求和海西区域发展重大需求为导向，重视基础，注重与航空、仪器、化学、物理等学科交叉发展，以“双一流”学科建设为牵引，围绕微纳制造、智能制造领域开展微纳制造技术与装备、制造系统创新与优化、超精密加工与检测、数控机床与机器人等方面开展研究工作。2015 年以来，承担并完成包括国家重大专项、国家重点研发、国家 863 重大/重点项目、装备预研重点项目、省部级各类项目、企事业委托项目共 300 余项，科研经费连续位列厦门大学工科系前茅；先后获得省、市科技奖励 5 项，获 PCT 专利、国家发明专利等近 200 项。在科研平台方面，2009 年，经厦门市科技局、财政局批准建立厦门市创新方法工程技术研究中心，该中心在其后每两年一次的全市工程中心评估中连续五次被评为优秀；2011 年，获批福建省精密制造业技术开发基地；2015 年，获批福建省微纳制造工程技术研究中心；2017 年，福建省机电装备行业服务型制造创新中心获省级服务型制造公共服务平台认定并成为福建省 10 个省级服务型制造公共服务平台之一；2017 年，福建省高端装备智能传感与控制工程研究中心顺利获批建设；2019 年，福建省制造业可持续发展战略与技术高校重点实验室获批建设。

交流与合作方面：先后与美国加州大学伯克利分校、密西根大学、佐治亚理工学院、新加坡国立大学、新加坡南洋理工大学、英国卡迪夫大学、香港城市大学、德国海尔布隆应用技术大学等国际知名高校建立广泛、稳定的学术交流关系，并积极举办各类学术会议。2016 年，承办国家自然科学基金委员会机械工程青年科学基金启动会；2017年，举办厦门大学机电装备技术对接会泉州/厦门专场；2018年，承办第十四届发动机试验与测试技术学术分会；2019年，承办第十二届亚太近场光学国际会议、第十一届WuMRC/UM访问学者学术交流会暨先进制造技术研讨会、福建省高端装备智能传感与控制工程研究中心学术委员会会议、厦门大学微纳制造与智能制造高层论坛；2020年，承办厦门大学微纳制造与智能制造前沿论坛、“液压压力波动的测定方法”国家标准研讨会。

对外影响方面：机械工程成为厦门大学富有特色的优势工科学科，学科从2018年开始连续3年入选软科中国最好学科排名榜单，特别是在2019软科中国最好学科排名前24%，位居福建省排名第一，并助力厦门大学在2019年QS机械、航空航天与制造工程领域位居全球第401～450名。航空航天学院成立以来，机电工程系已培养本科毕业生395名、硕士毕业生280名和博士毕业生30名，部分毕业生已成为企业高管、高科技研发人才、高校学术带头人和骨干力量，被誉为海西区域机械工程领域高级研究人才培养的重要基地。机电工程系是福建省工程机械学会副理事长、厦门市微机电研究会理事长、厦门市客车与工程机械产业联盟副理事长、厦门市技术创新协会副会长单位。同时，机电工程系长期承担福建省及厦门市、泉州市、龙岩市等地有关制造业转型发展的政策研究和咨询工作，发挥地方政府智库作用，形成较大社会影响。

（四）系史剪影

图2-2-1　朱家炘教授带领学生在工厂实习

國立廈門大學

機電通訊

創刊號

目錄

國立廈門大學機電工程學會出版

图 2-2-2　机电工程学系学生创办的《机电通讯》(1946 年)

图 2-2-3　1996 年,机电工程系 20 世纪 40 年代系友返校重聚

臨時畢業證明書

學生蘇林華係福建省古田縣人現年貳拾壹歲在
本校理工學院機電工程學系修業期滿經呈奉
教育部核准參加畢業試驗成績及格正式畢業證書應俟呈准
教育部核發外特給臨時畢業證明書以資證明此證

附註：本證明書有效期間[illegible]正式畢業證書時並應繳銷

國立廈門大學校長汪德耀
理工學院院長黃蒼林

中華民國三十七年七月　日

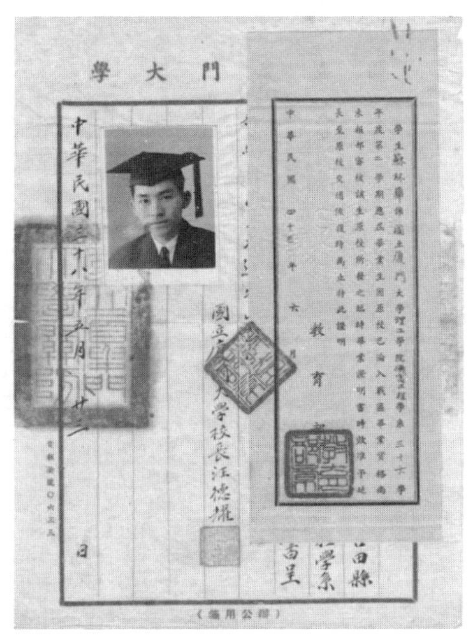

图 2-2-4　机电工程系系友苏林华(1944 级)学业证明展示

建議書

图 2-2-5　机电工程系第一届系友向母校建议复办机电工程系

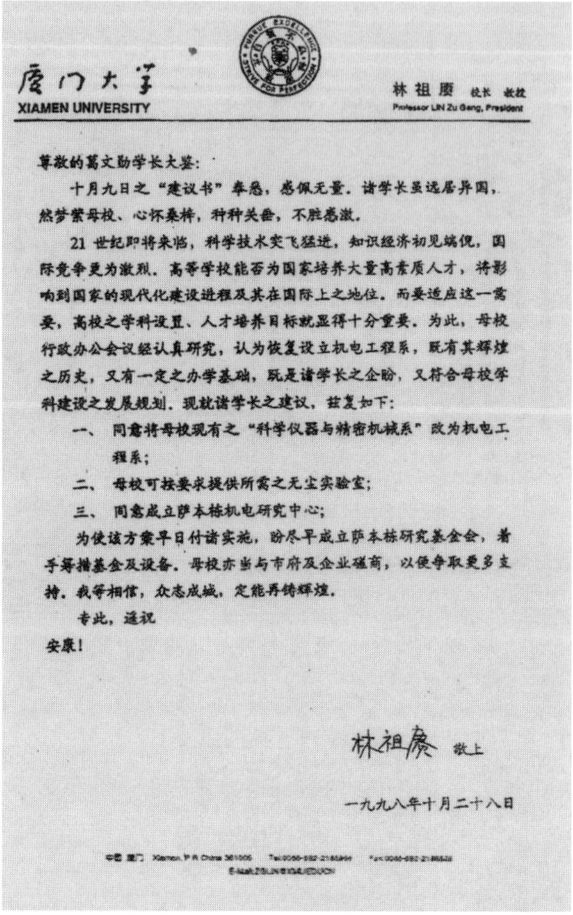

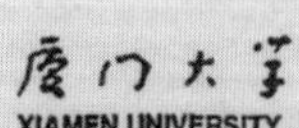

林祖賡　校长　教授
Professor LIN Zu Geng, President

尊敬的葛文勋学长大鉴：

十月九日之“建议书”奉悉，感佩无量。诸学长虽远居异国，然梦萦母校、心怀桑梓，种种关垂，不胜感激。

21 世纪即将来临，科学技术突飞猛进，知识经济初见端倪，国际竞争更为激烈。高等学校能否为国家培养大量高素质人才，将影响到国家的现代化建设进程及其在国际上之地位。而要适应这一需要，高校之学科设置、人才培养目标就显得十分重要。为此，母校行政办公会议经认真研究，认为恢复设立机电工程系，既有其辉煌之历史，又有一定之办学基础，既是诸学长之企盼，又符合母校学科建设之发展规划。现就诸学长之建议，兹复如下：

一、　同意将母校现有之“科学仪器与精密机械系”改为机电工程系；

二、　母校可按要求提供所需之无尘实验室；

三、　同意成立萨本栋机电研究中心；

为使该方案早日付诸实施，盼尽早成立萨本栋研究基金会，着手筹措基金及设备。母校亦当与市府及企业磋商，以便争取更多支持。我等相信，众志成城，定能再铸辉煌。

专此，遥祝

安康！

林祖賡　敬上

一九九八年十月二十八日

中国 厦门　Xiamen, P.R.China 361005

图 2-2-6　厦门大学时任校长林祖赓复信

图 2-2-7　1998 年，机电工程系复办揭牌部分师生合影

图 2-2-8　2016 年 12 月 5 日，机械工程一级学科博士授权点合格评估会在厦门大学召开

图 2-2-9　2016 年 12 月 20 日，工程硕士(机械工程领域)授权点合格评估会在厦门大学召开

图 2-2-10　2017 年 4 月 23 日，高端装备制造业技术对接会(厦门专场)在厦门大学召开

图 2-2-11 2017 年 6 月 8 日，福建省微纳制造工程技术研究中心学术委员会会议在厦门大学召开

图 2-2-12 2017 年 6 月 29 日，厦门大学机械工程学科发展咨询委员会会议召开

图 2-2-13 2017 年，机电工程系师生前往德国海尔布隆大学访问交流

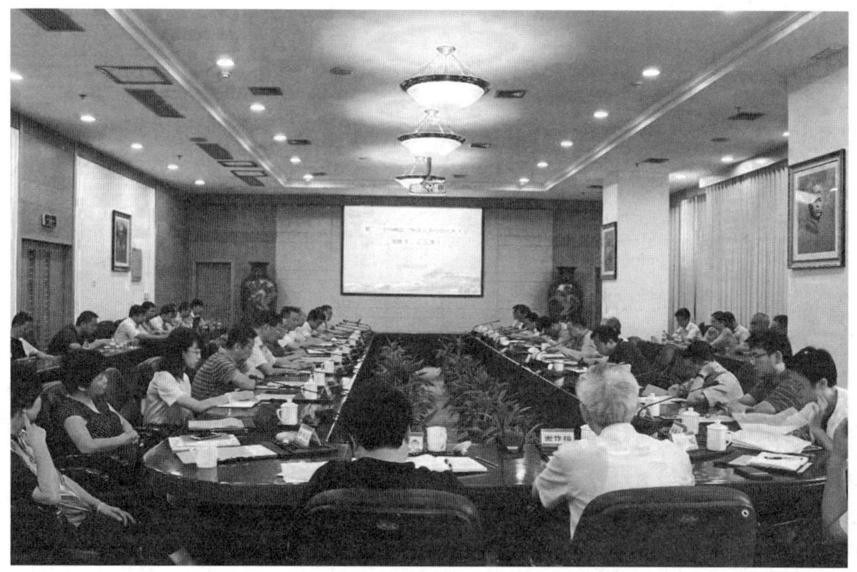

图 2-2-14 2018 年 9 月 16 日，机械设计制造及其自动化专业接受工程教育认证专家入校考查

图 2-2-15 2018 年 11 月 8 日,第十四届发动机试验与测试技术学术会议在厦门大学召开

图 2-2-16 2018 年 11 月 10 日,工信部"航空发动机关键零部件加工用精密刀具智能制造生产线建设"专项交流会在厦门大学召开

图 2-2-17　2018 年 11 月 22 日，机电工程系与德国海尔布隆应用技术大学学习周合影

图 2-2-18　2019 年 7 月 29 日，第 12 届亚太近场光学国际会议在厦门大学召开

图 2-2-19　2019 年 11 月 22 日，厦门大学微纳制造与智能制造高层论坛成功举办

图 2-2-20　2019 年 12 月 12 日，福建省高端装备智能传感与控制工程研究中心学术委员会议在厦门大学召开

图 2-2-21　2019 年 12 月 20 日，第十一届 WuMRC UM 访问学者学术交流会暨先进制造技术研讨会在厦门大学召开

图 2-2-22　2020 年 11 月 13 日，厦门大学微纳制造与智能制造前沿论坛成功举办

三、仪器与电气系

（一）办学历程

1983年2月，教育部正式同意厦门大学增设科学仪器工程专业。同年6月，学校决定成立科学仪器工程系（简称科仪系），任命当时在厦门大学化学系分析化学专业的季欧副教授为系主任。1994年，机械设计制造及其自动化（机械电子工程）专业设立。1998年，科仪系更名为机电工程系。

1940年，时任校长萨本栋在机电工程学系里创办电机组。1948年从机电工程学系分立出电机工程学系，寿俊良教授任电机工程学系首任主任。1952年，在全国高校院系调整中，电机工程学系的电机组并入浙江大学、电信组并入南京工学院（现东南大学）。2009年，机电工程系获批增加一个本科招生专业：电气工程及其自动化。

科仪系历任系负责人情况为：季欧担任第一届系主任（1983—1987年），黄长艺、陈捷光担任系副主任。季欧担任第二届系主任（1987—1988年）和第四届系主任（1991—1993年），李竞白、廖锐担任系副主任。技术科学学院副院长黄长艺兼任第三届系主任（1988—1991年），李竞白、廖锐担任系副主任。第五届系主任（1993—1996年）空缺，周希宏、游龙翔担任系副主任。第六届（1996—1999年）系主任空缺，韩雷担任系副主任（主持工作），胡国清、柳旭担任系副主任。

科仪系历任党支部书记情况为：黄春星（1983—1986年）、柯丽琴（1986—1991年）、卢茂狮（1991—1999年），黄自力、林玉明先后任党支部副书记。

科仪系建系时期入职的老师有：倪可信、陈永明、林承基、胡波、黄会良、周希宏、李刚强、陈舒平、陈祖亮、陈恳恳、高蓬生、洪兆祥、柯志坚、陈德义、商广涛等。1983—1987年，科仪系从国内高校及研究单位引进了许多机械和分析仪器方面的专家学者，包括黄长艺、许希妙、陈捷光、林玉珍、曾权、李竞白、林娅瑛、廖锐、陈泽宛、陈国川、陈绿萍、梅亚君等。在此期间，还招纳了从国内著名高校毕业的研究生，如郭光真、佘明达、朱建共、郑海涛、许尤娟等。1988年，引进柳旭副研究员（后担任系副主任及校科学技术处副处长、处长等职）。1989年，陈文芗加入科仪系。1991年，从浙江大学引进游龙翔博士，此为科仪系第一位博士。

1995 年前后，周学才、胡国清、韩雷、邱士均、冯勇建等的加入壮大了科仪系的博士队伍。科仪系的教师队伍建设逐步完善，整体实力逐年增强。

2015 年 4 月 6 日，厦门大学整合相关学科资源，原航空系、机电工程系和自动化系建制合并，组建成立航空航天学院，同时成立仪器与电气系（相关专业从机电工程系分出），由卿新林担任首任系主任、张建寰和郑高峰担任系副主任（2016—2019 年）。张建寰担任第二任系主任，郑高峰和王奕首担任系副主任（2019 年至今）。

仪器与电气系历任教工党支部书记情况为：张建寰（2015－2016 年）、何良宗（2016－2019 年）、张建寰（2019 年至今），何良宗后任教工党支部副书记（2019 年至今）。

仪器与电气系组成了一支年龄、学历、学缘、职称结构合理的师资队伍，有专任教师 27 名，其中教授 7 名、副教授 14 名、助理教授 6 名，包括国家高层次人才 1 名、教育部新世纪优秀人才 1 名、福建省杰出青年科学基金资助学者 1 名、福建省高校杰出青年科研人才 1 名、厦门大学南强青年拔尖人才支持计划和培养人选各 1 名。所有专任教师都具有博士学位，65.5％的专任教师具有海（境）外学习或工作经历。全系共培养学生 600 余名，其中本科生 440 余名、硕士生 130 余名、博士生 30 余名。

仪器与电气系注重构建知识体系和人员结构合理的研究团队，在航空航天装备健康管理、超精密检测与装备、分析仪器及生物医学仪器、新能源及其变换与管理等领域形成了自身研究特色。以质谱检测仪器、航空器健康管理系统为代表的一批具有自主知识产权的科研成果已获产业化应用，并产生了巨大的经济价值与社会效益，获得了业界的一致好评。

（二）学生培养

科仪系设四年制科学仪器工程专业，侧重培养分析仪器的研究、设计、制造与使用方面的专门人才。仪器与电气系设有测控技术与仪器、电气工程及其自动化两个本科专业。除公共课和高等数学、普通物理学、普通化学等课程外，还包括工程数学、近代物理基础、分析化学等基础课，工程制图、工程力学、机械学、仪表工艺学等机械类课程。此外，还有电工学、电子学、计算机原理、算法语言、机械工程控制基础、测试技术等电子、信息类课程，以及工程光学、电子与离子光学、仪器仪表智能化、专业外语、科技文献等针对性较强的技术基础课。

专业课与选修课包括分析仪器与仪器分析、分析仪器实验工程、传感器、企业认证和质量控制、第二外语等。除上述课程所含实验内容外，实验课程还设置了金工实习（校内）、生产实习（校外）、机械学课程设计、电子学课程设计、毕业实习、毕业设计等实践性教学环节，以培养学生分析和解决实际问题的能力。同时开设选修课程，包括工程数学（二）、测试技术（二）、仪器精度理论、精密仪器电路、仪器仪表智能化（二）、化学传感器、光学仪器设计、近代分析仪器等，进一步拓宽学生视野。

仪器与电气系教师早期与他人合作的译著有《英汉光谱学词汇》、《互换性与技术测量基础》。进入仪器与电气系时期，本系教师编写的教材有《微机原理与接口技术（第二版）》《可编程序控制器基础与逻辑控制》《单片机原理及应用——C51 编程＋Proteus 仿真》《电工学实验》《Electromagnetic Guided Wave》《超声相控阵原理》《无损检测超声波理论》等。随着这些教材部分内容为其他高校同类专业所使用，仪器与电气系的影响力也得以扩大。

学科建设方面：2003 年，获批“测试计量技术及仪器”二级学科博士点。2005 年，获批“精密仪器及机械”二级学科博士点；2006 年，获批“机械电子工程”二级学科博士点；2010 年，获批“仪器科学与技术”一级学科博士点；2011 年，获批“机械工程”一级学科博士点；2012 年，“机械工程”一级学科被列为福建省重点建设学科，并获批“仪器科学与技术”一级学科博士后流动站，办学层次显著提升。

（三）突出成绩

科研方面：科仪系教学强调学与研并重，积极筹建实验室。逐步设立了仪表工艺学、工程光学、电子与离子光学、电工学、电子学、仪器仪表智能化、测试技术、传感器、光谱仪、色谱仪、极谱仪、质谱仪、波谱仪、热谱仪等实验室，总面积约 1600 平方米，拥有价值超 200 万元的仪器设备，基本满足了教学实验要求。

科仪系教师进行了“测量不确定度”的探讨，参加了全国分析仪器行业的标准化研究，完成了 TA－1 型伏安仪、ZP－2 型质谱仪、ZJP－3 型极谱仪、HG－

01 型红外光源、FT—01 型复合脱氧剂等的研制工作，开展了紫外和可见分光光度计、质谱计的数据处理系统及教学所用气相色谱仪的研制工作。同时，在省级以上科技刊物发表 10 多篇有关极谱仪、波谱仪、质谱仪、光谱仪、自动化仪表与仪器仪表智能化的学术论文，另有 2 篇论文在国际学术会议上交流讨论。季欧作为质谱仪器专家、分析仪器高等教育的开拓者，撰写了国内第一部质谱学专著《质谱分析法》(上、下册，北京原子能出版社出版)，参与研制成功我国第一台同位素质谱仪，为国家培养了一批分析仪器人才，有力推动了我国质谱学的发展。

仪器与电气系教师共承担各类科研项目 300 余项，总到位经费约 6000 余万元。发表 SCI 论文 300 余篇，其中中科院一区论文 30 余篇，10 余篇论文选入 TOP5% ESI 高被引论文，授权专利 500 余项，多项成果在服务厦门经济建设、服务海西产业发展中发挥了重要作用。

行业影响方面：1987 年，黄长艺教授被中华人民共和国国家机械工业委员会聘请为高等工业学校机械制造工艺与设备专业教学指导委员会委员，扩大了科仪系的学术影响力。经过多年的发展，机械工程学科发展迅速，成为国家仪器类教学指导委员会成员单位。仪器与电气系为福建省机械工程学会副理事长、厦门市微机电研究会理事长、厦门市客车与工程机械产业联盟副理事长、厦门市技术创新协会副会长单位。

2016 年，“仪器科学与技术”学科在全国第四轮学科评估中，排位于 B 档(第 15～21 位)。2019 年，测控技术与仪器专业入选国家级一流本科专业。

科研平台建设方面，仪器与电气系现有传感技术福建省高等学校重点实验室(2014 年)、厦门市光电传感技术重点实验室(2015 年)、智能传感与仪器协同创新中心(2019 年)等，并参与建设福建省“2011 协同创新中心”——高端装备协同创新中心、微纳材料与器件教育部工程研究中心、福建省高校微纳米系统重点实验室，已建成一批颇具影响力的集产学研为一体的科研平台。

(四)系史剪影

图 2-3-1　1986 年 6 月,科仪系主任季欧(右五)与第一届毕业研究生座谈

图 2-3-2　1987 年 6 月,科仪系第一届毕业班(1983 级)与班主任陈祖亮(后排右三)合影

图 2-3-3　1987 年 6 月，科仪系教师与第一届毕业生合影

图 2-3-4　1990 年，科仪系机械教研室研讨教学计划

图 2-3-5 陈永明为本科生讲授“工程力学”课程

图 2-3-6 1990 年,科仪系成立厦门大学第一家电器维修部,为全校师生免费维修家电

图 2-3-7　1991 年，郭光真指导本科生毕业设计

图 2-3-8　1991 年，廖锐(左一)、周希宏(右一站立者)与学生探讨实验进展

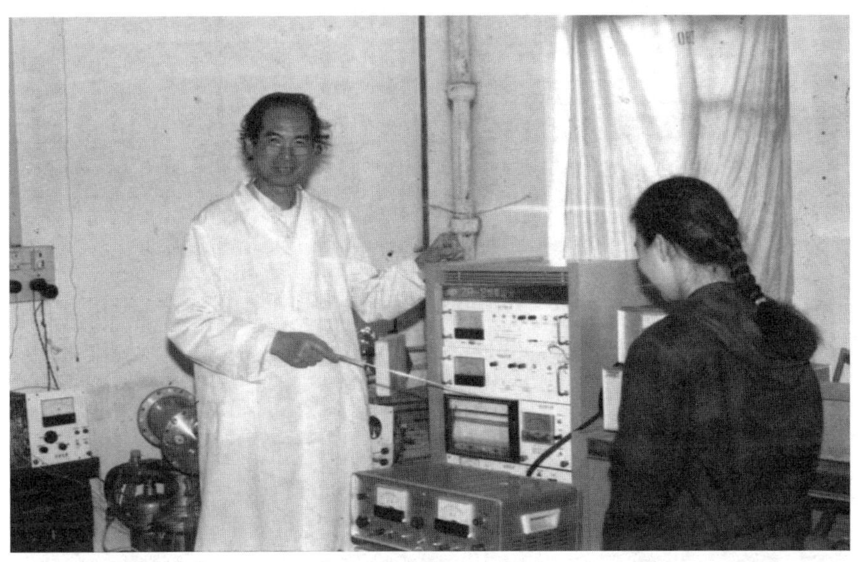

图 2-3-9 季欧教授团队研制的国产 ZP—2 型质谱仪器

图 2-3-10 1991 年校庆时，季欧、卢茂狮、李竞白、廖锐等参加科仪系组织的厦门大学建校 70 周年座谈会

图 2-3-11　1991 年 4 月，科仪系教工篮球队获得校联赛冠军

图 2-3-12　科仪系 1987 级系友毕业十周年欢聚母校时(2001 年)与教师们合影

图 2-3-13　科仪系 1989 级系友毕业十周年欢聚母校时(2003 年)与教师们合影

图 2-3-14　2016 年 10 月 10 日，厦门大学飞行器健康管理技术研究中心揭牌成立

图 2-3-15　2017 年 5 月 18 日，厦门大学航空航天学院承担的“厦门自贸片区航空维修产业顶层规划设计”课题通过评审

图 2-3-16　2017 年 10 月 20—23 日，仪器与电气系承办全国高校仪器类专业教学研讨会

图 2-3-17 2017 年 11 月 8 日，仪器与电气系承办第九届航空航天无损检测国际研讨会

图 2-3-18 2018 年 6 月 15 日，Jan Achenbach 教授与黄永刚教授分别做客厦门大学“南强学术讲座”

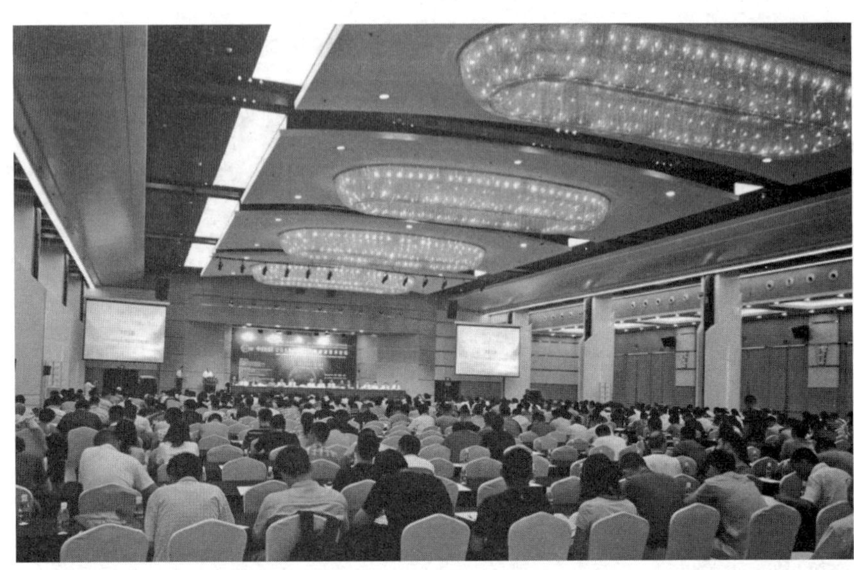

图 2-3-19　2018 年 7 月 5—8 日，仪器与电气系承办 2018 远东无损检测新技术论坛

图 2-3-20　2018 年 10 月 15 日，仪器与电气系召开第二届飞行器健康管理技术国际研讨会

图 2-3-21　2019 年 10 月 26 日，仪器与电气系承办 2019 年全国电力电子与电力传动学科教学研讨会

图 2-3-22　2020 年 1 月 9 日，厦门大学航空维修与工程技术研究中心召开第一次管理委员会暨技术委员会

四、自动化系

1972年,在我国著名控制论专家李文清教授的推动下,厦门大学在数学系创办了控制理论专业。1977年,厦门大学与华东师范大学、山东大学、南开大学、中山大学同行发起了全国性质的“控制理论与应用学术交流会”。1978年,厦门大学数学系获运筹学与控制论硕士学位授予权,属国家首批。1978年,李文清教授招收第一届滤波与随机控制方向硕士研究生。1978年,自动化教师参加原国家重点105项目“发展系统工程,研究大系统的最优设计、最优控制、最优管理”的研究和当时教育部组织的该科研组1978、1979、1980年三次学术讨论与工作协调会议,从此开始了关于系统工程的研究。1979年,受中国自动化学会的委托,厦门大学举办了第一届全国控制理论与应用学术交流会。1979年,贺建勋教授招收大系统理论与应用方向硕士生。1981年,主办中国自动化学会系统工程专业委员会第三次学术讨论会。与自动化和计算机相关的专业在数学系发展壮大,为计算机科学系的创立奠定了基础,也奠定了控制科学和系统工程的发展基础。

1982年,在李文清教授等人的筹划下,以控制理论专业为基础的计算机科学系成立,这是国内最早组建的计算机系之一,李文清教授担任首届系主任。1982年,该系增设计算机软件专业;1984年,增设系统工程专业。计算机科学系设控制论、软件、系统工程三个本科专业,李文清教授形象地比喻它们是“信息传递、信息处理、信息管理”,这与通常所说的控制论、信息论、系统论对应起来。为解决师资紧缺的困难,一方面,计算机科学系对原有教师进行知识更新,促进他们学习计算机知识,以迅速提高业务水平与操作技能;另一方面,李文清教授发挥他的影响,从国内相关大学引进高才生,作为新生骨干力量。同时,采用“请进来、派出去”的办法,先后聘请计算机和控制论专家高庆狮、陈火旺、陈翰馥、郑维敏、于景元、闵桂荣等为兼职教授,并与国防科技大学计算机系建立兄弟系的友好关系,邀请国外著名学者不定期来校进行学术交流。此外,选派十余名教师前往美国、加拿大、法国、德国、英国留学进修。1987年,计算机科学系更名为计算机与系统科学系,计算机与系统科学系成为初具规模的中等系,师资队伍不仅能适应本系与外系教学任务的需要,还承担着国家,有关部委及省、市与学校的科研任务。1984年,李文清教授和贺建勋教授分别获批中国科学院科学基金项目,是计算机科学系在该基金的首批获得者。(中国科学院科学基金,1981年11

月由国务院批准设立，1986 年 2 月国家自然科学基金委员会成立后终止。）

1986—1991 年，蔡经球教授担任系主任。1986 年，计算机科学系主办中国系统工程学会教育普及工作委员会与教育系统工程专业委员会第三次学术会议。同年，能源部、航天部教育司与厦门大学签订人才培养协议，共提供 75 万元用于改善办学条件；运用创收经费，加盖科学楼四楼及购置 SUN 3 工作站。1986 年，获系统工程专业硕士学位授予权；1987 年，控制理论专业改名控制科学专业；1988 年，主办全国决策理论及应用学术讨论会、全国稳定性理论及应用学术交流会、福建省首届中学生系统科学夏令营；1989 年，主办第三届全国系统与控制科学学术讨论会。

计算机与系统科学系的教学与科研取得了很大的进展。在控制科学与系统工程方向，李文清教授和贺建勋教授先后获得中国科学院科学基金和国家自然科学基金项目共计 3 项。在他们的带领下，以陈亚陵和曾昭磐教授为代表的一批中青年骨干教师，获得国家级、省部级和市级科研项目 24 项，横向课题 16 项。在 *Large Scale Systems*、*Int. J. of Control*、*IEEE－AC*、《中国科学》、《系统科学与数学》、《应用数学学报》、《数学学报》、《自动化学报》、《系统工程学报》等国内外著名学术刊物上均有论文发表。获得国家科学技术进步三等奖 1 项（杨书郎等，与上海台风所合作）、福建省科技成果奖 9 项、厦门市科技成果奖 6 项。

计算机与系统科学系经过发展，拥有了一支知识结构优良、学历和年龄结构合理、教研并重的师资队伍，为自动化系的建立和发展奠定了基础、构建了框架。

随着学科的逐步壮大，1991 年 12 月，计算机与系统科学系分设为计算机科学系与系统科学系。系统科学系设系统工程、控制科学两个本科专业，运筹学与控制论两个硕士学位授权点。

1991—1995 年，蔡维璇教授担任系主任。1991 年，受中国系统工程学会委托举办全国学生系统科学夏令营。1991 年年底，中国空间技术研究院与厦门大学签订关于进一步发展双方合作的会谈纪要，设 CAST 奖，继续提供实习条件，开展预研课题研究。1992 年，能源部教育司与厦门大学签订了《关于厦门大学为能源部培养系统工程专业人才的协议书》，并提供 30 万元用于改善办学条件。1993 年，中国空间技术研究院（简称五院）重新与厦门大学签订合作协议，在 5 个方面开展合作：互聘兼职教授、设 CAST 奖、本科生到五院毕业实习、参加五院预研课题研究、向五院保送研究生。陈亚陵、曾昭磐、李茂青等教授先后被聘为中国空间技术研究院兼职研究员。1993 年 1 月，控制科学专业获准改为自动控制专业。1994 年 1 月，运筹学与控制论专业获准改为自动控制理论及应用专业。1994 年,承办中国控制与决策学术年会。

1995—1999 年,施鼎汉教授担任系主任。因教育管理体制改革的逐步深入及专业设置的渐趋调整,为适应新世纪我国对人才的新需求,1996 年 10 月,系统科学系改名为自动化系。1999 年,由计算机科学系、自动化系和电子工程系组建计算机与信息工程学院。

1999—2004 年,李茂青教授担任系主任。1999 年,按照原国家教委的要求进行专业调整,自动化系将自动控制专业和系统工程专业合并成自动化专业。2000 年 3 月,系统工程专业部分教师转入新组建的管理学院管理科学系。2002 年,自动化系获控制工程领域工程硕士学位授予权,实现本校零的突破。同年,主办国际控制与自动化学术会议、国际工程制造与管理学术会议。2003 年,获批控制理论与控制工程二级学科博士点。同年,成立厦门大学系统与控制研究中心。2004 年,计算机与信息工程学院更名为信息科学与技术学院。

2004—2013 年,罗键教授担任系主任。2005 年,获批系统工程二级学科博士点、控制科学与工程一级学科硕士点,控制理论与控制工程获评福建省重点学科。2006 年,组建厦门大学“南强足球机器人”队,获得 2008 全国足球机器人大赛的仿真 2D 冠军和 2009 国际 ROBOCUP(足球机器人世界杯)大赛的仿真 3D 季军。随后,多年多次获得国际 ROBOCUP 机器人大赛和全国机器人大赛大奖。2006 年,承办第 14 届中国系统工程学术年会。2009 年,获准设立厦门大学—中国空间技术研究院智能计算与智能控制联合实验室。2010 年,承办第 8 届 IEEE 控制与自动化国际学术会议。2012 年,获批控制科学与工程博士后流动站,控制科学与工程获批福建省重点一级学科,率先在厦门大学成立智能车队,并多次在全国竞赛中取得骄人成绩。

2013—2016 年,吴顺祥教授担任系主任。2013 年,自动化本科专业入选教育部卓越工程师培养计划;控制科学与工程获批福建省控制科学与工程研究生教育创新基地;首次获得高等学校博士学科点专项科研基金“优先发展领域项目”资助;获厦门大学第七届高等教育教学成果二等奖 2 项,实现本系教学成果获奖零的突破;获批国家自然科学基金 9 项,在获批数量和经费上均创本系历史新高;入选福建省高等学校新世纪优秀人才支持计划 1 人。2014 年,获批设立“厦门信息产业和信息化研究院”。2015 年,与机电工程系、航空系组合成立航空航天学院。同年获 Rockwell 投资 700 多万元,合作建设厦门大学－Rockwell 联合实验室。

2016 年至今,曾建平教授担任系主任。2016 年,获批“厦门市大数据智能分析与决策重点实验室”(厦门市科技局)。2017 年,获批控制科学与工程一级学科博士点,获批成立“智能传感与控制”福建省工程研究中心(福建省发展改革委员会),获批中国船舶重工集团公司第七〇七研究所重点实验室建设专项。2018 年,获批国家自然科学基金委员会联合基金重点项目(子课题),获得九江七所精密机电科技有限公司重点实验室建设专项,获批设立“控制与导航技术”福建省高校重点实验室(福建省教育厅),获得福建省高等教育教学成果一等奖;中国空间技术研究院来访,延续双方战略协议,开启合作新篇章;福建省系统工程学会第七次会员代表大会召开,多名教师当选理事长、副理事长、监事长、秘书长。2019 年,获得国家自然科学基金委员会重点项目(子课题)、中国自动化学会高等教育教学成果二等奖。2020 年,承办“全国第十九届空间及运动体控制技术学术会议暨第三届杨嘉墀智能控制论坛”,获得福建省高等教育教学成果一等奖,获批电子信息博士专业学位。

自动化系是福建省系统工程学会、厦门市系统工程学会、厦门市自动化学会的挂靠单位,有 9 位教师是上述学会和福建省自动化学会的理事长或副理事长,学会已成为自动化系与国内外同行学术交流的桥梁。

系史剪影:

图 2-4-1　自动化系首届系主任李文清与他的学生、中国科学院院士、著名数学家陈景润(1981 年)

图 2-4-2　李文清备课照(1981 年)

图 2-4-3　李文清授课照

图 2-4-4　数学系 1973 级控制理论专业毕业生合影

图 2-4-5　计算机科学系 1984 届毕业生合影

图 2-4-6　计算机科学系 1986 届毕业生合影

图 2-4-7　计算机与系统科学系 1988 级研究生毕业合影

图 2-4-8　系统科学系 1993 届全体毕业生合影

图 2-4-9　1978 级控制理论系友返校拜访恩师

图 2-4-10　系统工程 1988 届毕业十周年留念

图 2-4-11　1984 级控制理论毕业二十周年留念

图 2-4-12　自动化系 1999 届大专班毕业生合影

图 2-4-13　自动化系 1999 届研究生毕业生合影

图 2-4-14　自动化系 2001 届本科生毕业合影

图 2-4-15　自动化系 2006 届本科生毕业合影

图 2-4-16　自动化系 2007 届本科生毕业合影

图 2-4-17　自动化系 2012 届本科生毕业合影

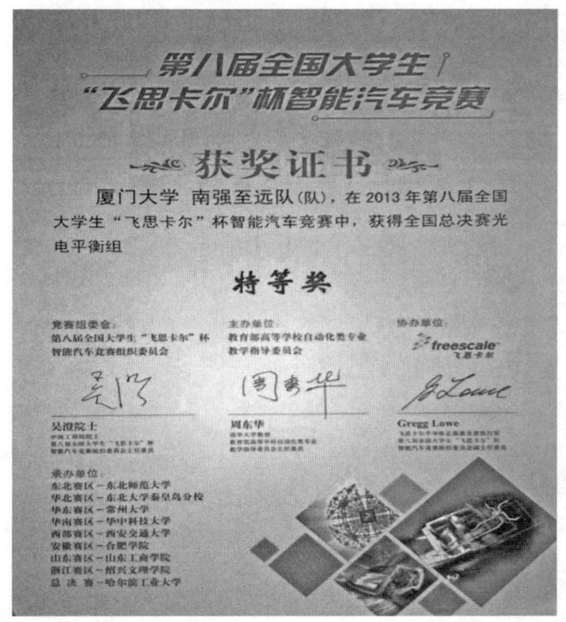

第八届全国大学生
"飞思卡尔"杯智能汽车竞赛

获奖证书

厦门大学　南强至远队(队)，在 2013 年第八届全国大学生"飞思卡尔"杯智能汽车竞赛中，获得全国总决赛光电平衡组

特等奖

竞赛组委会：
第八届全国大学生"飞思卡尔"杯智能汽车竞赛组织委员会

主办单位：
教育部高等学校自动化类专业教学指导委员会

协办单位：
freescale 飞思卡尔

吴澄院士

周东华

Gregg Lowe

承办单位：
东北赛区－东北师范大学
华北赛区－东北大学秦皇岛分校
华东赛区－常州大学
华南赛区－华中科技大学
西部赛区－西安交通大学
安徽赛区－合肥学院
山东赛区－山东工商学院
浙江赛区－绍兴文理学院
总 决 赛－哈尔滨工业大学

图 2-4-18　2013 年，获得第八届"飞思卡尔"杯智能汽车竞赛特等奖

图 2-4-19　2018 年 5 月 16 日，自动化系离退休教师，与在职教师共同走进厦门大学翔安校区、航空航天大楼，祝贺乔迁之喜

图 2-4-20　2017 年 11 月 14 日，“控制与导航技术”福建省高校重点实验室建设项目评审会举行

图 2-4-21 2018 年 5 月 27 日，厦门市大数据智能分析与决策重点实验室学术委员会会议在厦门大学召开

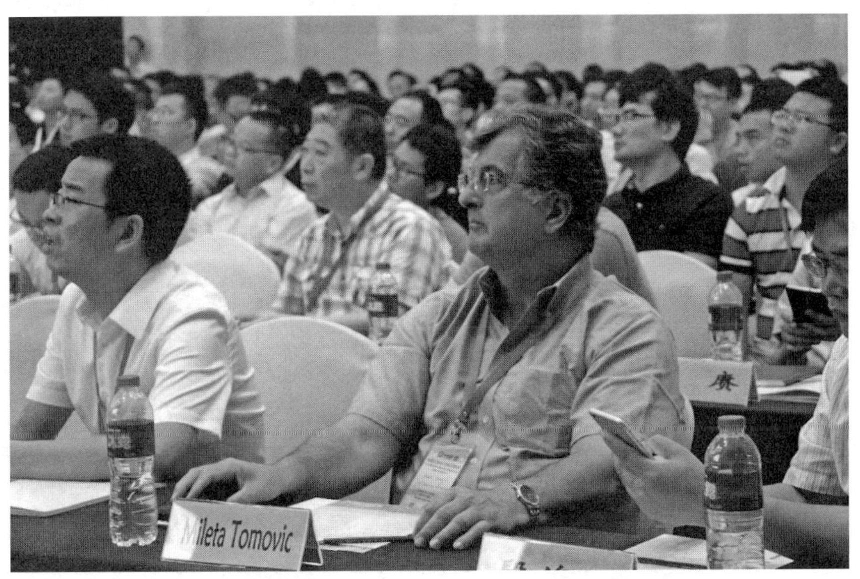

图 2-4-22 2018 年 8 月 10—12 日，2018 IEEE/CSAA 制导、导航与控制学术会议在厦门召开

图 2-4-23 2018 年，中国空间技术研究院人力资源代表团来访厦门大学

图 2-4-24 2019 年 7 月 5—6 日，第十一届全国技术过程故障诊断与安全性学术会议(简称 CAA SAFEPROCESS 2019)在厦门召开

图 2-4-25　2020 年 10 月 31 日—11 月 1 日，全国第十九届空间及运动体控制技术学术会议暨第三届杨嘉墀智能控制论坛在厦门召开

五、工程技术中心

2015 年 4 月，厦门大学航空航天学院成立。该院由机电工程系、自动化系、航空系的工程技术人员及部分教师组建工程技术中心，拥有专业技术人员 55 名，其中教授 1 名、副教授 4 名、高级工程师 18 名、工程师 30 名、助理工程师 2 名，设有航空实践部、电控实践部、机械实践部、基础教学部四个部门。

林育兹担任工程技术中心首任主任（2015 年 4 月—2019 年 6 月），肖望强、李继芳为第一任副主任。肖望强（2019 年 6 月至今）担任工程技术中心第二任主任，李继芳、郭立军担任第二任副主任。

（一）航空实践部

航空实践部拥有专业技术人员 13 人，第一任部主任由林育兹兼任，郭立军任部副主任。2019 年至今，郭立军担任部主任。航空实践部主要负责学院航空专业实践类课程教学、科研项目支撑以及学业竞赛组织。

教学类实验室有工程热力学实验室、传热实验室、流体实验室、发动机实验室、飞行器结构与飞行器仿真教学实验室、液压教学实验室、振动教学实验室等；科研支撑相关实验室有燃烧激光测量实验室、航空结构强度实验室、等离子实验室、微波暗室、航空电气综合实验室、无人机实验室、PIV 流体力学实验室、风洞并联机器人实验室、飞行仿真与模拟控制实验室和 CFD 流体仿真实验室等，满足了教学和科研需求。

学院搬迁至翔安校区前，航空实践部由郭立军、刘志荣、郭志明和殷春平 4 名专业技术人员负责航空专业 9 个教学科研实验室（PIV 流体实验室、发动机实验室、振动实验室、液压传动实验室、航空电气动态模拟演示系统实验室、并联机器人实验室、航电综合实验室、研究生实验室和大学生创新实践基地等）的相关工作。2018 年，学院搬迁至翔安校区航空航天大楼，结束了分散工作的局面，新建了流体实验室、空气动力学实验室、传热实验室、工程热力学实验室、发动机实验室和飞行器结构与飞行器仿真教学实验室等，完善了机械振动实验室、液压传动实验室等专业教学实验室。

科研支撑方面：参与了航空发动机高速推进分中心、福建省新型空天动力工程研究中心、无人机实验室、PIV 流体力学实验室和先进机械设计与数据分析实验室等多个科研实验室的建设和科研工作，有力地支撑了学院部分重大课题的研究工作。

设备建设方面：航空实践部累计完成价值 600 多万元的实验室教学设备建设和价值 2960 万元的科研仪器设备建设。

专业课程建设方面：支撑专任教师完成专业课程累计 25 门，开设学院特色专业选修课 3 门，协助省级教改平台项目建设 4 项（其中独立申报 1 项），获批 2 项校级教学平台，争取到 1 个院企合作的 70 万设备捐赠。

公共事务建设方面：2018 年完成了翔安校区航空航天大楼门禁及监控系统的建设项目，协助完成了大楼水电改造项目，支撑了学院实验室设备信息化平台和贵重仪器管理平台的建设工作、资产入库管理和清查工作，为福建省人防（民防）指挥信息保障中心研制了一台用于应急处理和救灾的大六轴无人机。积极响应学校、学院服务社会的号召，2013 年以来，每年组织航模队先后走进特教学校、中小学、社区和幼儿园等单位，为孩子们讲解空天知识、传播空天文化。

学生创新实践方面：2011 年，应中国航空工业集团公司董事长林左鸣的盛情邀请，在厦门大学时任校长朱崇实和有关部门的大力支持下，参加首届“中航工业杯”国际无人飞行器创新大赛并取得优异成绩。随后，厦门大学航模队、厦门大学无人机社分别于 2013 年和 2015 年成立，组织面向航空航天爱好者的校级、省级、国家级和国际级赛事活动。组织参与的国家级以上赛事有：中国国际飞行器设计挑战赛、"中航工业杯"国际无人飞行器创新大赛、国际空中机器人大赛和中国研究生未来飞行器创新大赛，获得国际竞赛一等奖、亚军和国家级一、二、三等奖近百项；厦门大学飞行器设计大赛、厦门大学小型无人机创新技术竞赛获评厦门大学最受欢迎的品牌赛事；拥有"无人飞行器创新俱乐部"和"航空工程创新实践平台"两个校级平台。2013 年以来，5 人次荣获省级以上优秀指导教师奖、4 人次荣获省级以上优秀工作者、4 人次荣获厦门大学学业竞赛优秀指导教师奖、3 人次荣获厦门大学优秀工作者。获授权发明专利 6 项、实用新型专利 15 项，获批软件著作权证书 13 个，发表教学论文 4 篇，获批省级教改项目 3 项，航空航天专业学业竞赛成为最受学生欢迎的学业竞赛之一。

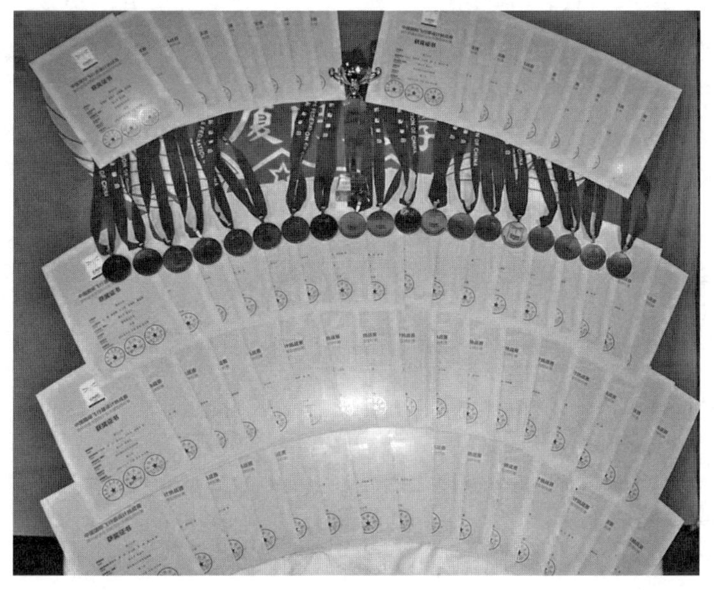

图 2-5-1 航模队在 2018 年"中国国际飞行器设计挑战赛总决赛"荣获的奖杯、奖牌和奖状

（二）电控实践部

电控实践部成立于工程技术中心建立之时，其前身可以追溯到 20 世纪 80 年代初的科仪系电工实验室，创设初期的老师有郭光真、倪可信、陈新等。电工实验室只对科仪系学生开设电工学理论课程的实验部分，尚无独立实验课程。

随着学科的不断发展，实验室规模也不断扩大。

实验室建设方面：2000 年，思明校区科学楼二楼建设了电工学实验室，隶属机电工程系。2003 年，由于一、二年级学生搬迁至漳州校区，于漳州校区嘉庚一号楼新建了电工学实验室。2008 年，与嘉庚学院共建电气实训实验室。电工实验室同时负责管理信号与系统实验室、可编程控制实验室，辅助开设专业实验，两个实验室于 2003 年由科学楼搬迁到物理馆副楼。2012 年，一、二年级本科生迁回思明校区，于嘉庚四号楼新建电工学实验室和电气实训实验室。电气实训实验室包含电气基本技能实验室、工业自动化实验室和机器人技术实验室，接手管理机电工程系的传感器实验室。信号与系统实验室、传感器实验室由物理馆副楼搬迁到嘉庚四号楼，并在嘉庚四号楼建设了大电机组电机学实验室、运动控制实验室、台达工业自动化实验室以及虚拟仪器实验室等专业实验室。电控实践部负责管理上述实验室并辅助完成其所支撑的相关课程专业实验教学任务。2013 年，以电控实践部为主负责申请并获评福建省测控技术及仪器实验教学示范中心。2014 年，获评第一批国家级机电类虚拟仿真实验教学中心。2018 年，学院整体搬迁，新建的电工学实验室、电气实训实验室一并搬迁至文宣楼；信号与系统、虚拟仪器实验室、台达工业自动化实验室以及原属自动化罗克韦尔 PLC 等部分专业实验室搬迁到航空航天大楼，后在航空航天大楼新建电机学与电力电子实验室、微机原理实验室、单片机实验室、自控原理与计算机控制技术实验室等。目前，电控实践教学部共有基础与专业实验室 14 个、虚拟仿真实验教学中心 1 个，有 18 位工程技术人员，其中高级工程师 9 位、工程师 9 位。1985—2000 年，郭光真负责电工实验室；2000—2008 年，林育兹担任电工学实验室主任；2008 年至今，李继芳担任实验室主任。

实验教学方面：电控实践部严格把控本科教学质量，坚持专业理论素养与工程实践能力并重。主要承担面向全校的电工类公共基础实验课程，包括电工实验、电路实验、电工电子实验等；实训类课程，包括电气实训 A 类和电气实训 B 类等；面向航空航天学院的实践类专业选修课程，包括电气控制技术和虚拟仪器技术等；此外，还辅助航空航天学院控制、电气和信号类专业实验课程；以上每学年开课总生时数约为 14 万。电控实践部除承担实践课程外，还为相关科研活动提供支撑平台。

实验教学改革方面：电控实践部积极开展与兄弟院校的交流、与知名企业的共建，密切关注并实时引进新的教学内容、新的教学方法。电气实训、电工学实

图 2-5-2　厦门大学翔安校区电工学实验室

验(上、下)已建成在线开放课程,积极开展线上线下混合式教学模式探索。在电工学、工业自动化、机器人等课程中,开发、导入虚拟仿真教学资源。目前已建成厦门大学机电类虚拟仿真实验教学中心(国家级中心)、福建省测控教学实验示范中心(省级教学实验示范中心);已建设国家级一流本科课程两门(电气控制实践训练、电气控制技术)、省级线上线下混合式精品课程一门、校级在线开放课程两门,"电气控制实践训练"获评省级应用型本科教学团队;成立电控实践部后出版教材 4 种,《电气工程技术实训教程》被评为福建省本科优秀特色教材;《基于项目驱动的工程创新实践教学》获福建省高等教育教学成果奖二等奖;获批教育部产学合作协同育人项目 5 项、福建省高等学校教学改革项目 3 项、校级教改项目 10 余项。

学生创新创业活动方面:电控实践部将竞赛活动定位为提高本科学生创新能力的必要手段,构建了校内赛、国内赛、国际赛的层次体系,既保证学生受益面,也兼顾优秀同学的专业深度需求。目前建成有机器人创客空间、智能制造工程师训练营两个校级创新创业平台,建设有厦门大学机器人队、智能制造团队、智能车队、虚拟仪器俱乐部以及人工智能俱乐部等学生团队,组织学生参加全国大学生机器人大赛 Robocon 赛事、全国大学生智能汽车竞赛、全国大学生西门子杯智能制造挑战赛、台达杯高校自动化设计大赛、全国大学生虚拟仪器设计大赛、国际机器人实作竞赛等学术性竞赛项目。2015 年以来,获国际级冠军 1 项,获国家级冠军(含特等奖)10 项、一等奖 40 余项,获厦门大学本科生学业竞赛一等奖 5 项,获厦门大学通令嘉奖 1 次,获批厦门大学品牌竞赛项目 2 项,获全国创业教育先进个人 1 次、本科生科技创新竞赛突出贡献奖 3 人次、本科生科技创新竞赛优秀指导教师奖 4 人次,获批实用新型专利 20 项、发明专利 10 余项。

图 2-5-3　2015 年,获 IRHOCS 国际机器人实作竞赛冠军

(三)机械实践部

机械实践部伴随着科仪系和机电工程系的发展而成长。1983 年,科仪系成立后建立了厦门大学金工实验室——工程技术中心的前身。金工实验室的建设,为培养厦门大学理工科人才的动手操作能力提供了坚实的硬件基础和保障。当时金工实验室老师有:许朝宗、李家才、许水电、陈文才、邓谷鸣等。20 世纪 90 年代陆续引进郑文佳、王景辉、陈美丽、曾景华等老师。金工实验室成立前期由林亚瑛负责具体工作;1993 年后由邓谷鸣负责,主要任务为面向理工科学生的教学实验工作,上课学生数量逐年递增。

2004 年,金工实验室搬到漳州校区,机电工程系成立了机电工程训练中心,有金工和电工两个实验室,属于物理与机电工程学院。2012 年,实验室搬回思明校区。2015 年,机电工程训练中心更名为工程技术中心,归属于航空航天学院。机械实践部共有专业技术人员 17 人,其中高级工程师 5 人、工程师 12 人。

机械实践部自迁入航空航天大楼后,工程技术中心教学空间相对集中和完善,实验室面积约 500 平方米,设备总资产约 500 万元,现有工种为:钳工、线切割、普车、数车、普铣、数铣、激光切割、3D 打印等。加之已获批建设的新工科实验大楼,工程技术中心得到进一步的发展和完善。更为重要的是,中心将持续优化实验教学管理制度,加强实践实验教学引导工作,充分利用上述实验资源开展创新性实践教学,鼓励学生参加大学生创新实验项目、专业教师指导学生实践的科研项目、各类国内国际大学创新竞赛项目等实践环节,努力建设"专业基础—科研实践—研究创新"多层次的实践实验教学体系。

机械部面向全校文、理、工、艺术各学科开设实训课程,承担着全校本科学生的实训教学、创新课程、竞赛任务以及部分科研辅助任务,以实践教学为主体,以竞赛和科研创新提升教学质量。开设"机械制造实训"课程,面向全校一、二年级本科生授课。本课程分为三个模块:基础实训模块、强化实训模块和创新实训模块。其中修习基础实训的专业有机械设计制造及其自动化、飞行器设计与工程、飞行器动力工程、土木工程、化学工艺与工程、天文学、物理学、微电子科学与工程、电子信息科学与技术、通信工程、美术学、艺术教育、绘画、环境设计、数字媒体艺术、视觉传达设计、新能源科学与工程等专业。修习强化实训模块的专业是材料科学与工程专业,修习创新实训模块的专业有机械设计制造及其自动化、飞行器设计与工程、飞行器动力工程。

机械实践部积极鼓励学生参与创新创业竞赛,在历年全国大学生工程训练综合能力竞赛、全国三维数字化创新设计、大学生机械创新设计大赛等竞赛中获得优异成绩。通过多年的建设与积累,机械实践部取得了一系列丰富的实践和教学成果。

机械实践部注重科研产出,先后获批国家级、省部级科研项目 3 项,分别为 2015 年承担福建省区域科技专项、2017 年福建省重大科技专项、2019 年国家级项目。机械实践部指导学生参与比赛获奖丰富,主要有第三届全国大学生工程训练综合能力竞赛一等奖、第十二届全国三维数字化创新设计大赛二等奖、第十二届全国大学生节能减排社会实践与科技竞赛三等奖、第三届全国大学生创新方法应用大赛一等奖(金奖第一名),相关指导教师获得优秀指导教师奖等。

图 2-5-4　机械实践部竞赛所获荣誉(部分)

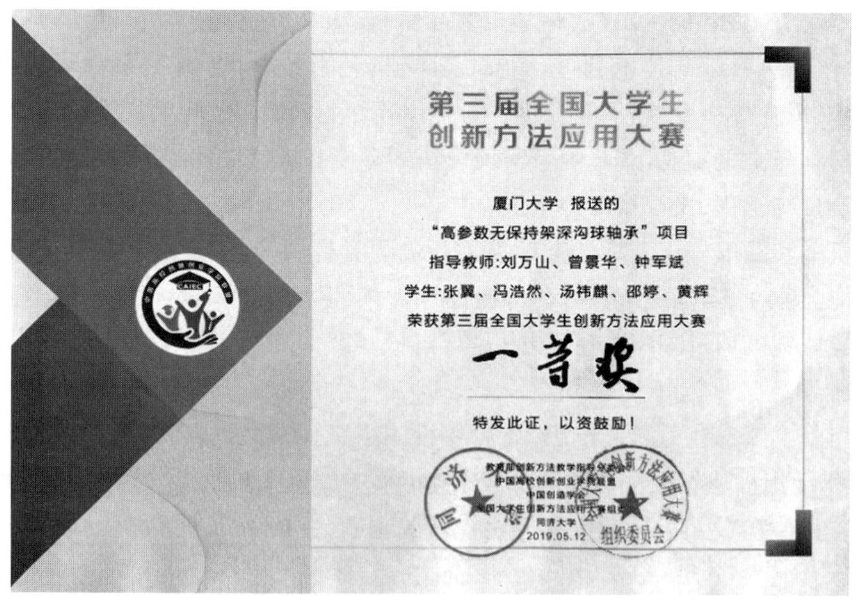

第三届全国大学生
创新方法应用大赛

厦门大学　报送的
“高参数无保持架深沟球轴承”项目
指导教师:刘万山、曾景华、钟军斌
学生:张翼、冯浩然、汤祎麒、邵婷、黄辉
荣获第三届全国大学生创新方法应用大赛
一等奖

特发此证，以资鼓励!

中国创造学会
同济大学
2019.05.12

图 2-5-5　2019 年,获第三届全国大学生创新方法应用大赛一等奖

（四）基础教学部

基础教学部主要负责航空航天学院专业基础课程的教学工作，由学院各系主要从事教学工作的5名教师构成，其中教授1名、副教授4名。承担的专业基础课程主要有画法几何与机械制图、电工学、C语言和工程力学，其中机械制图课程不仅面向本院大类学生，还开设了面向电子科学与技术学院大类学生的机械制图课程。开设的工程力学、热力学等课程除面向机械、测控专业外，也面向能源学院学生。

图2-5-6　基础教学部讨论教学方案

基础教学部在承担专业基础课程教学的同时，还积极参加工程训练、本科生科技创新竞赛等指导工作，获得以下成绩：

(1)获本科生科技创新竞赛优秀指导教师奖，授予单位：厦门大学。

(2)获厦门大学暑期社会实践活动"优秀带队教师"奖，授予单位：厦门大学。

(3)获"创青春"第一届全国大学生创新方法应用大赛，关于颗粒阻尼在齿轮传动离心场中的振动抑制研究一等奖，颁奖机构：教育部。

(4)获"创青春"第九届全国大学生创新创业年会，颗粒阻尼在齿轮传动离心场中的振动抑制研究，一等奖，颁奖单位：教育部。

(5)获福建省第四届大学生工程训练综合能力大赛一等奖,颁奖单位:福建省教育厅。

(6)获福建省第五届大学生工程训练综合能力大赛一等奖,颁奖单位:福建省教育厅。

(7)获福建省第七届大学生工程训练综合能力大赛一等奖,颁奖单位:福建省教育厅。

(8)获第十一届福建省大学生机械创新竞赛一等奖,颁奖单位:福建省教育厅。

第三部分
党政篇

不忘初心　筑梦南强

一、学院党委的成立与发展

2015 年 4 月 3 日，学校发文成立航空航天学院；

2015 年 9 月 16 日，学校发文成立航空航天学院党委；

2015 年 9—10 月，学校任命航空航天学院党委委员。

党委委员(按姓氏笔画排序)：尤延铖、孙道恒、郑镇锋、洪永强、洪春生。

党委书记：洪永强。

党委副书记：郑镇锋、洪春生。

2018 年 12 月，因年龄原因，学校免去洪永强航空航天学院党委委员、书记职务，任命王康平为航空航天学院党委委员、书记。

党委委员(按姓氏笔画排序)：尤延铖、王康平、孙道恒、郑镇锋、洪春生。

党委书记：王康平。

党委副书记：郑镇锋、洪春生。

2019 年 1 月，因个人意愿，学校免去孙道恒航空航天学院党委委员职务，任命侯亮为航空航天学院党委委员。

党委委员(按姓氏笔画排序)：尤延铖、王康平、郑镇锋、侯亮、洪春生。

党委书记：王康平。

党委副书记：郑镇锋、洪春生。

2019 年 6 月，学校免去洪春生航空航天学院党委委员、副书记职务，改任校党委宣传部副部长，任命张晴为航空航天学院党委委员、副书记。

党委委员(按姓氏笔画排序):尤延铖、王康平、张晴、郑镇锋、侯亮。

党委书记:王康平。

党委副书记:郑镇锋、张晴。

2020 年 5 月,学校免去郑镇锋航空航天学院党委委员、副书记职务,改任信息学院党委委员、副书记,任命林蔚为航空航天学院党委委员、副书记。

党委委员(按姓氏笔画排序):尤延铖、王康平、张晴、林蔚、侯亮。

党委书记:王康平。

党委副书记:张晴、林蔚。

2020 年 11 月,学院召开第一次党员代表大会,第一次选举产生中共厦门大学航空航天学院委员会委员。

党委委员(按姓氏笔画排序):尤延铖、王康平、张建寰、张晴、周伟、林蔚、洪文兴、侯亮、黄玥。

党委书记:王康平。

党委副书记:尤延铖、张晴、林蔚。

二、历届教工党支部班子

建院之初,航空航天学院党支部延续此前物理与机电工程学院、信息与科学技术学院的设置安排,按照系、所共设立 8 个教工党支部,具体如下:

(1)仪器电气党支部,2019 年 7 月更名为仪器与电气教工党支部。

书记:张建寰(2015 年 4 月—2016 年 3 月)

　　何良宗(2016 年 3 月—2019 年 7 月)

　　张建寰(2019 年 7 月至今)

副书记:何良宗(2019 年 7 月至今)

(2)机械党支部,2019 年 7 月更名为机电工程教工党支部。

书记:吴德会(2015 年 4 月—2016 年 3 月)

　　王凌云(2016 年 3 月—2019 年 7 月)

周伟(2019 年 7 月至今)

副书记:赵扬(2019 年 7 月至今)

(3)航空党支部

书记:陈立杰(2015 年 4 月—2016 年 10 月)

熊光明(2016 年 10 月—2019 年 7 月)

2019 年 7 月,航空党支部根据系别拆分为动力工程教工党支部和飞行器教工党支部。

①动力工程教工党支部

书记:黄玥(2019 年 7 月至今)

②飞行器教工党支部

书记:孙洪飞(2019 年 7 月至今)

(4)自动化党支部,2019 年 7 月更名为自动化教工党支部。

书记:周绮凤(2015 年 4 月—2017 年 7 月)

洪文兴(2017 年 7 月至今)

副书记:刘云龙(2017 年 7 月至今)

(5)实训中心党支部,2016 年 2 月更名为实训中心党支部,2019 年 7 月更名为工程技术中心教工党支部。

书记:叶军君(2015 年 4 月—2016 年 2 月)

曾景华(2016 年 2 月至今)

副书记:许英杰(2019 年 7 月至今)

(6)行政党支部,2019 年 7 月更名为行政教工党支部。

书记:陈昌徐(2016 年 3 月—2019 年 7 月)

晏振宇(2019 年 7 月—2020 年 2 月)

副书记:孟旭(2019 年 7 月至今)

(7)退休第一党支部

书记:曾权(2015 年 4 月—2018 年 10 月)

(8)退休第二党支部

书记:蔡建立(2015 年 4 月—2018 年 10 月)

2018 年 10 月,退休第一党支部、退休第二党支部合并为退休教工党支部。

书记:蔡建立(2018 年 10 月至今)

三、历届学院行政班子

2015 年 4 月 3 日，聘任尹泽勇为厦门大学航空航天学院院长。

2015 年 9 月 14 日，孙道恒任厦门大学航空航天学院副院长，免去其厦门大学物理与机电工程学院副院长职务。

2015 年 10 月 15 日，尤延铖任厦门大学航空航天学院常务副院长。

2015 年 10 月 15 日，兰维瑶任厦门大学航空航天学院副院长。

2018 年 10 月 22 日，因个人意愿，免去孙道恒的厦门大学航空航天学院副院长职务。

2019 年 1 月 21 日，侯亮任厦门大学航空航天学院副院长。

2019 年 1 月 21 日，聘任卿新林为厦门大学航空航天学院副院长。

四、主要工作与成绩

学院党委认真履行全面管党治党的主体责任，以改革创新的精神全面加强党的建设工作，为学院改革发展提供了坚强政治保障。

（一）支部设置

学院在建院之初，以推动各个学科发展和学院的管理与建设为目标，把握大局、精心谋划，在新学院机构整合人员调整较大的情况下，站在全院的高度，以学院发展的长远利益为出发点进行支部设置。

2016 年 1 月初，根据系级单位整合情况，重新调整教工党支部设置，并进行支部委员会的换届选举，最终推选出 8 名党性强、能力好、实绩突出的优秀教学科研骨干教师为党支部书记。教工党支部书记还进入系务会，参与本系工作计划、管理规定等的制定和重大事项的讨论决策，不断提升支部书记的政治素质和实际工作能力，呈现出支部发展带动学科发展的良好局面。

2019 年起，学院党委继续优化支部设置模式，切实抓好教师党支部书记“双带头人"的培育工程。选好配强支部书记，坚持干部选拔标准，推荐选拔党性强、作风正、能力好、实绩突出、群众公认的优秀教学科研骨干教师作为支部书记进行培养，2019 年 7 月选任的新一届教工支部书记均为副高级职称以上党员。学生党支部实现"进研究生课题组、进本科生各系、进科创社团、进宿舍园区"的多重覆盖、持续传承，并配备红色导师进行引领指导。

（二）机制体制

学院制定《厦门大学航空航天学院"三重一大"决策制度实施细则》《厦门大学航空航天学院党委会议事细则》《厦门大学航空航天学院党政联席会议议事细则》等制度，坚持民主集中制原则，严格落实"三重一大"决策制度。学院党委每年制定党委、党务工作计划；每学期初，召开党委会专题会议分析研究党支部的建设问题，部署党支部各项工作；每学期末，召开党支部党建工作交流研讨会，总结汇报支部工作。

制定《厦门大学航空航天学院推进"两学一做"学习教育常态化制度化实施方案》《中共厦门大学航空航天学院委员会理论学习中心组学习规则》《中共厦门大学航空航天学院委员会党校工作条例（试行）》《厦门大学航空航天学院发展党员工作实施细则》等规章制度，建立党委、党支部规范化学习教育管理体系。

制定学院《"不忘初心、牢记使命"主题教育活动实施方案》，按照"守初心、担使命，找差距、抓落实"的总要求，把学习教育、调查研究、检视问题、整改落实贯穿于主题教育全过程，深入学习贯彻习近平新时代中国特色社会主义思想。

制定实施《党支部标准化建设实施办法（试行）》，通过"抓两头、带中间"的模式，坚持和完善"三会一课"、民主生活会、组织生活会、谈心谈话、民主评议党员以及述职评议考核等制度，压紧压实党建工作责任，不断提升党支部的组织力。

（三）支部活动

学院党委依托学院二级党校和学校教育培训管理系统，融入"空天报国"精神，创新运用党员学堂、专题讲座、沙龙分享、微党课、研学实践等多种形式，开展"旗帜工程"系列思政教育活动，五年来共教育培训党员师生近 2 万人次。

结合学科特色，开展“不忘初心跟党走、空天报国新征程”党史知识竞赛、“空天情怀·长汀记忆”读书沙龙、“身边的榜样”等“固定党日＋”活动；紧扣时政要点，组织开展“防疫领航”“攻坚领航”等系列品牌工作；加强教师思政工作，发文实施学院《推进师德师风“三个一”提升2020年度工作计划》《学生党支部红色导师实施办法》，开展“名师导航计划”“感念师恩·百年传承”主题沙龙，推进课程思政相关工作。发挥先锋模范作用，深入宿舍园区、实验室、公共教室等区域开展党建宣传、读书分享、垃圾分类、早起学习等活动，将学校“我是党员，我是旗帜”等主题教育活动向纵深推进。组织师生外出实践调研，赴上海一大会址、嘉兴红船、井冈山、长汀、延安、遵义、建宁、宁德、古田等红色革命基地开展党性教育近600人次，共同接受红色精神的熏陶和洗礼。大力弘扬优秀事迹，学院院长尹泽勇院士、院友陈一坚院士双双荣获第十四届航空航天月桂奖“终身奉献奖”；学院常务副院长尤延铖获第二十四届“中国青年五四奖章”等，旗帜鲜明地对全体师生进行思想感召和价值引领。

（四）工作成效

学院党建工作在各类评选中争先创优。学院党委荣获2017—2018年度学校先进基层党组织，2017年获评学校教工党建工作示范点。2015年以来，学院党支部共获评1个全国高校“两学一做”支部风采工作案例特色作品，获批2个省级样板党支部、4个翔安校区示范性党支部、24项校级支部立项资助（含2项重点）；高速推进研究生党支部获校先进基层党组织；“不忘初心跟党走，空天报国新征程”师生三支部联合立项获校“立项活动”优秀成果奖。切实抓好党员发展工作，五年来共发展党员537名，其中含青年教师2名。学院相关活动、人物获新华社、《光明日报》、《人民日报》等40余家媒体报道200余次，切实提升了学院思政工作品牌的影响力。

五、党政工团活动剪影

图 3-5-1　2017 年 7 月，“空天报国”实践队赴中国航空发动机集团开展社会实践

图 3-5-2　2018 年 4 月 6 日，航空航天学院院长尹泽勇院士为“英雄试飞员”、“最美奋斗者”李中华颁发兼职教授聘书

图 3-5-3　2018 年 4 月，航空航天学院举办"空天情怀·长汀记忆"读书沙龙

图 3-5-4　2018 年 6 月，航空航天学院组织教职工党员前往井冈山开展红色实践

图 3-5-5　2018 年 6 月，航空航天学院组织教职工党员前往上海进行红色实践

图 3-5-6　2018 年 7 月 27 日，“读懂中国，空天报国”系列活动在厦门大学翔安校区启动，航空航天学院党委向特邀辅导员郑保东、黄信安、曾权、蔡建立颁发聘书

图 3-5-7　2019 年 1 月，厦门大学航空航天学院党委新老班子交接合影

图 3-5-8　2019 年 5 月 6 日，航空航天学院党委举行"旗帜工程·党员学堂"开班式

图 3-5-9 2019 年 9 月 11 日，航空航天学院党委召开“不忘初心、牢记使命”主题教育动员部署会

图 3-5-10 2019 年 9 月 30 日，航空航天学院党委举办“不忘初心、牢记使命”庆祝中华人民共和国成立 70 周年主题微党课分享会

图 3-5-11　2019 年 11 月 23 日，厦门大学百年校庆倒计时 500 天航空航天学院师生合影

图 3-5-12　2020 年 4 月 28 日，航空航天学院常务副院长尤延铖教授(中)获评第 24 届“中国青年五四奖章”

图 3-5-13 2020 年 6 月，航空航天学院团委举办 2020 届毕业班团支部“奋斗青年说”主题团日暨职业技能培训活动

图 3-5-14 2020 年 9 月 11 日，航空航天学院举办“感怀师恩·百年传承”教师节主题沙龙

图 3-5-15　2020 年 10 月 4—6 日，原创校史精品话剧《长汀往事》首次公演，该剧由翔安校区团工委、航空航天学院负责具体排演工作

图 3-5-16　2020 年 11 月，航空航天学院党政领导合影

图 3-5-17　2020 年 11 月 5 日，航空航天学院“十四五”发展研讨会在翔安校区举行

图 3-5-18　2020 年 11 月 18 日，第十四届航空航天月桂奖揭晓，厦门大学航空航天学院院长尹泽勇院士、院友陈一坚院士荣获“终身奉献奖”

图 3-5-19　2020 年 11 月，航空航天学院“西人马：中国 MEMS 芯片行业领军者”勇夺第六届中国国际“互联网＋”大学生创新创业大赛全国总决赛亚军、金奖

图 3-5-20　2020 年 11 月，航空航天学院摘得第 55 届校学生体育运动会(翔安校区)大满贯：本科生团体亚军、研究生团体冠军、学院团体亚军，全年体育总竞赛亚军，以年度体育综合积分第一名获得体育先进单位，并获体育道德风尚奖

图 3-5-21　2020 年 11 月 30 日，中国共产党厦门大学航空航天学院第一次党员代表大会合影

图 3-5-22　2020 年 11 月 30 日，中国共产党厦门大学航空航天学院第一届委员会合影

图 3-5-23　2020 年 12 月，厦门大学"扬才开讲了"第二季——"奋进新时代"主题微党课报告会在翔安校区举行，航空航天学院为承办单位

图 3-5-24　航空航天学院勇夺 2020 年度校学生工作桂冠

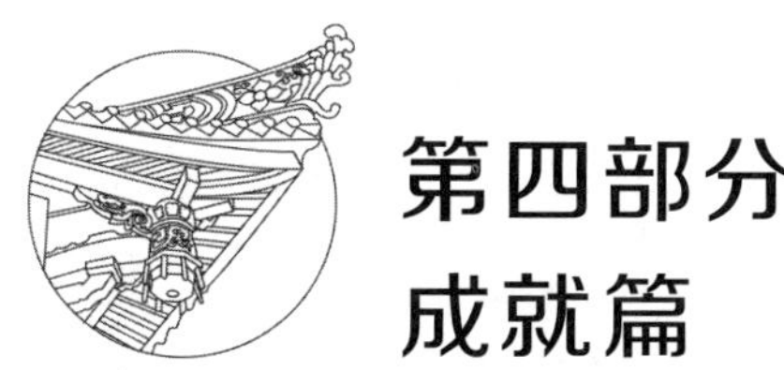

第四部分
成就篇

春播良种　秋收硕果

一、学院学科建设概况

(一)本、硕、博授权点

1.航空宇航科学与技术

本学科从1994年复办航空类专科教育开始,经历了以下阶段:1999年开设机械类(飞机工程方向)本科专业(2003年改为飞行器动力工程专业),2006年获批航空宇航制造工程二级学科硕士点,2011年获批航空宇航科学与技术一级学科硕士点,2014年获批航空航天工程交叉学科博士点,航空工程专业学位硕士点及飞行器设计与工程本科专业,已经形成本－硕－博完整的人才培养体系。五年以来,在院长尹泽勇院士的带领下,立足世界科技前沿、瞄准国家重大战略需求,形成了"先进空天动力气动设计与控制""机械强度与结构动力学"和"流动燃烧模拟测试与应用""风洞试验模型机器人支撑技术""等离子体在航空航天领域的应用"等多个特色研究方向,研发了"嘉庚一号"火箭和"南强一号"无人机等在国内外有一定影响力的标志性成果,开创了空天报国、空天引领、科研育人的创新育人模式。

2.航空航天工程

航空航天交叉学科博士点旨在通过培养航空器、航天器以及临近空间飞行器的分析、设计与制造方面的工程技术高级人才，建立一支服务于国家重大战略需求的高素质科研队伍。该学科博士点于 2016 年起招收博士生，目前有在读博士 32 人。五年来，本学科科研水平取得了显著进步，在航空航天多个领域获得行业一致认可。同时，千万级别的重点重大项目实现零的突破，目前主持在研 3000 万以上重大项目 1 项，主持国家自然基金项目、航空航天各类基金项目 30 余项。此外，本学科设立有“航空发动机高速推进分中心”、“福建省新型先进空天动力工程研究中心”、“福建省等离子体与磁共振研究重点实验室”等各级科研平台。

3.机械工程

自 1998 年复办机电工程系以来，厦门大学机械学科发展迅速，于 2006 年获批机械电子工程博士点，现有机械工程一级学科博士学位授权点(2011 年获批，2012 年被列为福建省重点建设学科)和机械工程类硕士学位授权点。近年来承担并完成包括国家重大专项、国家重点研发计划项目、国家自然科学基金重点项目、装备预研重点项目以及省部级各类项目、企事业单位委托项目共计 600 余项，科研经费连续保持厦门大学工科院系前茅。本学科先后获得省、市科技奖励 10 余项，获 PCT 专利、国家发明专利等近 500 项。现已建成国家级教学示范中心“厦门大学国家级机电类虚拟仿真实验中心”、福建省微纳制造工程技术研究中心、福建省精密制造业技术开发基地、福建省高端装备智能传感与控制工程研究中心、福建省机电装备行业服务型制造创新中心、厦门市创新方法工程技术研究中心等科研平台，并与福州大学联合组建福建省“2011”高端装备制造协同创新中心等。同时，本学科与厦工股份、金龙客车等企业开展联合人才培养，已建成全国示范性全日制工程硕士专业学位研究生联合培养实践基地。

以国家重大战略需求和海西区域发展重大需求为导向，厦门大学机械工程学科本着重视基础、注重交叉的发展理念，以“双一流”学科建设为牵引，推动与航空、仪器、化学、生物等学科交叉发展，带动学科整体实力提升，力争建成国内一流、微纳制造领域世界知名的机械工程学科，并使之成为学校服务海西区域经济社会发展的源动力和排头兵。本学科连续 3 年入选软科中国最好学科排名榜单，尤其在 2019 软科中国最好学科排名中，排名前 24%，位居福建省第一，并助力厦门大学在2019年QS机械、航空航天与制造工程领域位居全球401～450名。

4.控制科学与工程

本学科始于1972年厦门大学数学系的“控制理论”专业，是全国首批硕士点授予单位（运筹学与控制论、系统工程）。在李文清教授和贺建勋教授的带领下，“控制科学与工程”学科经过近五十年的发展积淀，已经形成“数理基础扎实、侧重算法研究”的鲜明特色，其学科优势主要表现在注重算法研究的控制理论与控制工程以及模式识别与智能系统等领域。本学科现有专任教师37人，博士生导师12人、教授11人，具有博士学位的教师35人，具有海外留学经历的教师24人，其中入选教育部新世纪优秀人才计划1人、福建省新世纪优秀人才计划2人、厦门大学南强青年拔尖计划人才B类1人。2016—2019年，在国内外重要学术刊物上发表学术论文600余篇，发表JCR 2区以上论文40余篇，其中ESI高被引论文6篇；获省部级以上科技成果奖1项。主持承担国家自然科学基金项目、省部级各类项目、企事业单位委托项目，科研总经费近4000万元。

5.仪器科学与技术

本学科源于1983年创建的科学仪器专业，1985年开始招收硕士研究生，获批建有“仪器科学与技术”一级学科硕士点、一级学科博士点、一级学科博士后流动站。2016年，教育部第四轮学科评估获评B；2019年，入选国家级一流本科专业。本学科建立了一批重要的国家级和省部级科研及人才培养平台与基地，2013年，建成福建省测控技术及仪器实验教学示范中心；2014年，建成福建省传感技术高校重点实验室；2015年，建成厦门市光电传感器技术重点实验室；2020年，学科建设取得重大突破，获批建设福建省“智能传感与仪器协同创新中心”。

6.智能仪器与装备

厦门大学智能仪器与装备交叉学科于2020年获批自主增设，学科负责人为田中群院士。交叉学科涉及“化学”“海洋科学”“生物学”“机械工程”“信息与通信工程”等5个一级学科，依托航空航天学院等6个学院进行学术型硕士研究生和博士研究生的招生。目前，智能仪器与装备学科拥有一支以中国科学院院士为学科带头人、长江学者和国家杰青等为学术骨干的高水平研究团队，同时学科拥有国家重点实验室、国家级实验教学示范中心、省部级重点实验室、教育部工程技术研究中心、地方联合工程实验室、产教融合创新平台等基地。本学科将以智能制造、信息科学、微电子、人工智能、大数据等信息技术与智能技术为依托，通过实行现有制造系统的智能化，构建基于智能仪器与装备的知识本体，以智能仪器与装备制造为核心，面向智能仪器与装备研发过程中涉及的前沿科学问题、关键技术、产业化应用开展技术研究工作，主要研究方向为分析科学仪器、生物医疗仪器、海洋环境监测仪器和装备集成设计与制造。

（二）省部级科研平台

1.航空发动机高速推进分中心/福建省新型先进空天动力工程研究中心

2018年12月，福建省发展和改革委员会批准设立福建省新型先进空天动力工程研究中心。2019年5月，设立航空发动机高速推进分中心，重点面向高速涡轮基组合循环动力开展基础研究、交流合作、人才培养。基础研究方面，高超声速飞行器组合动力技术所涉及的总体、气动、燃烧、传热、控制等关键技术取得突破；交流合作方面，积极创新校企合作、国际合作模式，推动建设高速动力技术领域的国内外合作交流窗口；人才培养方面，以中心为平台，依托高速动力研究项目，促进高校科研团队和企业研发人员的深度交流融合，为航空发动机行业培养具有工程经验的高质量创新人才，推动我国高速动力技术的进步。

工程中心团队由力学、燃烧、进排气、计算流体力学、计算数学等专业人员组成，具有博士学历的成员占80%以上。目前中心拥有高精度流体仿真、云计算实验室、燃烧原理实验室、发动机系统部件室、燃烧激光测量实验室、航空材料分析研究室、航空涡轮叶片精密制造实验室、航空复杂件特种加工实验室、脉冲爆震发动机实验室、冲压发动机实验室、航空发动机试验台，基本涵盖了全部高速组合动力部件的实验条件。

中心成立以来，承担了包括国家高超重大专项子课题、两机重大专项基础研究项目、军科委项目、国家数值风洞工程项目、国家自然科学基金重大研究计划培育项目、福建省高校产学合作项目等在内的众多重大项目。2019 年 4 月，研发厦门大学“嘉庚一号”可回收火箭并成功发射；2019 年 10 月，独立开发厦门大学“南强一号”超声速动力验证机并实现成功首飞；2019 年 12 月，改进并定型厦门大学“翔安一号”500 kg 级自旋翼飞机并完成技术验证。

2019 年，中心研究与试验发展经费支出共计 2502.1 万元，同比增长26.3%，其中来自企业委托经费达 1250.6 万元；在研项目 56 项，项目数同比增长 24.4%；获授权发明专利 10 项、实用新型专利 9 项，多项研究成果被成功直接应用。

2.福建省微纳制造工程技术研究中心

2015 年 12 月，福建省科技厅设立福建省微纳制造工程技术研究中心。中心以微纳制造技术为重点研究方向，目前拥有五个技术研究方向，包括微纳器件与系统集成、微纳系统制造工艺与装备、超精密加工与微纳米检测、微纳系统设计创新与优化以及新能源制造技术与装备。中心致力于解决装备制造、电子信息、光电、汽车、能源环保等产业的共性技术难题，解决相关产品产业升级技术需求与技术创新不足之间的矛盾，为相关产业的技术进步和产品更新换代提供创新源泉，促进传统产业的可持续发展，增强新兴产业的自主创新能力。

中心搭建先进实验研究和技术开发平台，获得学术研究的源头创新，形成产、学、研、用一体化的良性体系，实现学术成果和创新技术的双向产出，在关键技术和共性技术上取得突破且拥有自主知识产权，带动福建省及我国南方地区科技和产业技术的创新和发展，服务地方经济。

在人才培养方面，通过工程技术研究中心的建设，力图组建一支一流的科研队伍和研发团队，建立一个涵盖本科、硕士、博士和高层次培训的人才培养培训体系。力争为我国，特别是福建省及周边省市地区培养高层次人才和理论与实践经验兼备的工程技术及管理人才。

近年来，中心先后与中航工业集团的 33 所、618 所、704 所、161 厂开展广泛的交流合作，共同承担国家 0901 工程等重大战略项目，共签订项目十余项，累计项目经费达 900 万元。研制的高温压力传感器、谐振式压力传感器、MEMS 陀螺仪等传感器研究达到国内顶尖水平。其中,中心研制的高温压力传感器耐温范围已超过 800 ℃,并在相关项目中被成功应用。

3.福建省高端装备智能传感与控制工程研究中心

2017 年 8 月,福建省发展和改革委员会设立福建省高端装备智能传感与控制工程研究中心。中心主要依托于厦门大学航空航天学院机械工程、控制科学与工程等学科,由厦门大学特聘教授孙道恒担任中心主任。

中心致力于为福建省高端装备的智能化传感与控制产业提供自主研发平台和创新技术源泉,并向高端装备智能化研究与开发、产业化推广及高端人才培养基地发展。中心以广泛的产、学、研、用合作为基础,发展航空航天装备、海洋工程装备、数控机床与机器人、智能车辆与工程机械、新能源装备、先进轨道交通装备等智能化传感与控制技术,提升我国高端装备智能传感与控制技术的核心竞争力,为海西经济建设服务。中心主要研究方向为航空航天装备智能传感技术、海洋装备智能化控制技术、数控机床与机器人、智能车辆及工程机械装备、新能源装备智能化技术。

近年来,中心重点开展高温薄膜传感器、SOI 剪应力传感器、电子皮肤、生物医用电极、高效制氢设备、自主导航 AGV 装置以及精密喷射的研究开发工作。高效制氢设备的研发实现氢气纯化效率达 95%以上,氢气纯度达到99.999%,CO、H_2S、NO_2 等杂质含量小于 0.01 ppm,氢气纯度在线监测的技术指标达到可为氢燃料电池提供高品质氢气的能力。另外,在高温薄膜传感器制备方面,中心已掌握 PDC 敏感薄膜的热/电/力学性能工艺控制、测试温度到 1000 ℃的高温薄膜传感单元可靠信号引出技术,已实现测试温度 345～850 ℃应用于氧化铝基薄膜热流计的敏感层的制备,预计 2020 年将完成高温薄膜应变传感器与热流传感器的研制。高温薄膜传感器是获取发动机、内燃机等内部高温(1000 ℃以上)极端环境中的部件状态数据的关键。该技术有利于提升对发动机、内燃机运行过程中相关机制和规律的认知,为这类装备的研制提供有效技术支撑。

4.福建省等离子体与磁共振研究重点实验室

该实验室是福建省科技厅在厦门大学设立的重点实验室，于2008年12月获福建省科技厅批准建设，2011年12月通过验收，正式挂牌，分别依托航空航天学院和电子科学与技术学院。

经过近二十年的建设发展，该实验室在航空航天学院建立了等离子体技术在航空领域应用研究的实验平台。自行研制了多通道程控高压脉冲电源、多通道程控等离子体电源（已申请发明专利）以及多种类型的等离子体产生装置和器件。自主建设了小型微波暗室（6 m×6 m×6 m）、基于 Agilent N5224A（10 MHz～43.5 GHz）矢量网络分析仪建立的扫频电磁测试系统、基于 Ocean Optics HR4000 光谱仪建立的光谱诊断系统和小型低速直流风洞。还配备有正弦交流高压电源、二维粒子图像测速 PIV 测试系统、气动噪声和试验件应变综合测试仪、六分量天平、风洞数据采集系统。已具备进行相关研究方向所需的较完整的实验系统。

航空系（现飞行器系）的等离子体技术研究团队是该实验室的骨干研究力量。该团队承担了多项中国航空工业集团公司和中国航空发动机集团的创新技术基金产学研项目，以及国家自然科学基金项目、福建省自然科学基金项目、航空动力基金项目等，主要从事等离子体流动控制与等离子体电磁减缩技术研究。在国家战略需求牵引下，该团队与中航工业的空气动力研究院、沈阳飞机设计研究所、直升机设计研究所、特种结构研究所、试验飞行研究院、西安飞行自动控制研究所，中国航发的沈阳发动机设计研究所，中国航天科技八院802所，中国航天科技一院10所，中国科学院空间应用工程与技术中心、中国空气动力研究与发展中心等航空航天科研院所合作，开展科学研究。共签订项目十余项，累计项目经费约900万元，取得了颇为丰硕的研究成果。已培养毕业和在读的硕、博士研究生30余名，发表了一批高水平学术论文，申请各类专利20余项，已获授权16项国家发明专利、8项实用新型专利。

该实验室紧紧围绕等离子体在航空航天领域的应用开展研究，主攻两个研究方向：等离子体主动电磁减缩技术和主动流动控制技术。

在等离子体主动电磁减缩技术研究方向，自主研发了多种类型的等离子体发生器和多通道程控等离子体电源，并进行了主动电磁减缩技术在机翼前缘、雷达罩、进气道等的应用研究，在等离子体产生与控制机理、等离子体参数诊断、等离子体多频段电磁带通/阻特性、等离子体光子晶体方面也开展了大量的研究工作。

在等离子体主动流动控制技术研究方向，自主研发了多种类型的等离子体流动控制激励器和多通道程控高压脉冲电源，并进行了流动控制技术在飞机模型、发动机叶片、进气道、旋翼桨叶等的风洞试验应用研究，在等离子体抑制流动分离、改善机翼升阻特性、翼/桨尖涡控制、翼面气动力矩控制方面也开展了大量的研究工作。

5.传感器技术福建省高校重点实验室

2014 年 12 月，福建省教育厅设立传感器技术福建省高校重点实验室，依托厦门大学航空航天学院仪器科学与技术一级学科，于 2015 年开始建设、2019 年正式挂牌。实验室在先进传感机理和传感材料、网络化及智能化传感技术、微型化传感技术、传感技术集成应用等四个方向开展研究工作。

实验室共有面积 2830 平方米、科研人员 51 人。其中，国家高层次人才 1 名、教育部新世纪优秀人才 1 名、福建省杰青 1 名；高级职称 35 人、中级职称 16 人。承担国家级合同 40 项，合同经费合计 2926 万元；承担省市级纵向课题 46 项，合同经费合计 870.9 万元；承担横向课题 118 项，合同经费合计 4547.8 万元。以委托和共同开发的方式服务于厦门市企业，项目成果的成功应用，取得的直接或间接经济效益较为可观。有些项目成果不但服务本地企业，而且已辐射周边地市和其他地区。如冯勇建开发的真空压力传感器已在福建南安某企业成功应用并取得较好的经济效益；同时，依托该技术开发的产品也享誉国内外。该技术发表的成果吸引了中科院兰州空间技术研究院，目前正开展与该所的深空探测用真空压力传感器的应用开发。

实验室于 2015—2019 年共发表论文 205 篇、SCI 收录 170 篇、JCR1 区 28 篇、JCR2 区 40 篇；授权专利 185 项，其中发明专利 123 项；新增仪器设备价值 825 万元。

传感器作为一种仪表在许多领域均为关键技术，该实验室所开发的真空压力传感器、温度传感器、加速度传感器、光纤传感器、光纤陀螺等技术成功在本地企业应用，取得了一定的经济和社会效益，并辐射周边其他地市，使厦门市在某些传感技术领域占据了一定高地。厦门大学现有的传感技术研究主要集中在：新型光电传感技术、半导体光电传感技术、超精密光学传感检测技术、生物医学传感技术、智能化/集成化传感技术、传感技术信息化网络化、化学传感技术、传感技术产业及集成应用等方面，并取得了突出成果。

6.福建省精密制造业技术开发基地

2011年12月，福建省经贸委、科技厅、教育厅、财政厅设立福建省精密制造业技术开发基地。基地以厦门大学机械工程学科为依托，充分发挥智能制造、精密制造等领域的优势特色，整合厦门大学相关学科的科技力量，组建为机床、刀具、车辆与工程机械加工企业提供精密加工、检测、数字化与智能化、机器人技术以及现代设计理论与运用技术创新服务的公共服务平台。基地主要任务包括(1)共性和关键性技术开发；(2)技术转移服务；(3)资源共享服务；(4)承接企业委托的技术难题，承担政府有关部门委托的精密制造业共性和关键性技术的开发和攻关任务；(5)收集整理国内外技术，了解行业技术发展趋势和动态，提供行业发展战略报告和行业重大共性和关键性技术，为政府有关部门决策提供参考。基地与中国航空发动机集团、厦门厦工机械股份有限公司、厦门金龙联合汽车工业有限公司等行业龙头企业在工程机械、客车车辆以及航空维修服务保障领域开展密切合作，促进技术转移转化，先后获得福建省科学技术进步奖二等奖、厦门市科学技术进步奖一等奖。2019年，基地承担了包括工信部的智能制造综合标准与新模式应用项目、国家自然科学基金项目等在内的科研项目共300余项，其中国家级省部科研项目69项，基地主任周伟教授获国家优秀青年科学基金项目资助。2019年，基地在研科研经费超7000万元，同时与80家企业签订技术研究项目，直接经济效益突破1900万元。截至2019年，基地累计申请有效专利数共1771项，2019年度新增申请专利达230项。2019年，基地侯亮教授获厦门市科技创新杰出人才奖，姚斌教授开展的高精高效绿色螺杆压缩机主机设计制造技术及产业化研究获厦门市科学技术进步奖二等奖。

基地致力于推动产学一体化发展，2019年与企业(高校)等有关单位联合研发的新增项目达到240项，已实现的技术成果转移转化累计14项。2020年，基地将继续发挥厦门大学的科研优势，进一步掌握精密制造行业发展趋势，以市场为导向，建立行业共性技术研发体系，推动精密制造技术的开发，并将具有市场价值的科研成果进行中试研究，使之转化为具备规模生产条件的成熟技术，促进科研成果向生产力转化。同时，基地加强行业人才的继续教育，推动福建省精密制造行业的技术进步和人才培养；进一步利用高校和行业企业的技术资源，展开合作，转化推广创新科研成果，提升企业自主创新能力和市场竞争力，推动产学研进程；进一步攻克产业交叉互联，显著推动国民经济关键技术的发展，掌握具有自主知识产权的产业关键技术，增强产业集群效应，提升福建省精密制造现代化水平。

7.福建省机电装备行业服务型制造创新中心

2017 年 4 月，福建省机电装备行业服务型制造创新中心设立，成为福建省 10 个省级服务型制造公共服务平台之一。

中心依托厦门大学航空航天学院，联合厦门产业技术研究院、美国辛辛那提大学 IMS 中心、伯恩特自动化技术研究院等专门从事制造业信息化、技术创新和产业研究的科研院所和企事业单位共同组建研发服务团队，拥有固定人员 38 位，其中 85%以上具有博士学位、70%以上具有高级职称。中心现有办公试验面积 1500 平方米，固定资产 2100 余万元。

中心重点针对福建省汽车、工程机械、船舶、机床、电子等机电成套装备和零部件制造企业，采用点对点服务、定期走访和专家驻点合作等多种合作服务模式持续服务地方制造企业，不仅通过合作研发、技术咨询、技术讲座、试验测试以及网络咨询辅导等方式为企业提供管理咨询、技术创新、信息分析等技术服务，也提供相应技术应用推广以及人才培训等。

中心成立以来，围绕制造业智能化和服务化的发展趋势，与福建省和厦门市数十家制造业企业和事业单位开展了广泛的研发合作。近三年，中心先后开展各类合作项目 50 多项，研发和咨询经费累计 2000 余万元，申请专利（中心申请和协助企业申请）累计 50 余项，获省市科学技术进步奖 2 项。其中，由中心主任侯亮教授团队负责的“工程机械高效节能与主动安全技术创新及应用”项目荣获福建省科学技术进步奖二等奖。项目研究成果已成功集成应用于厦门工程机械股份有限公司装载机、挖掘机等工程机械产品中，实现工程机械产品节能 11% 以上，产生了巨大的经济效益。“大尺寸光学非球面加工技术及装备”获 2018 年度中国机械工业科学技术一等奖。中心姚斌教授承担的福建省产业技术联合创新专项“精密高效钛合金加工数控刀具的系列化开发”立足于自主创新，通过产学研联合开发，旨在开发出具有自主知识产权的钛合金结构件加工用高效数控刀具。通过专项实施，掌握数控刀具核心技术，自主研发刀具设计制造技术及批量生产工艺，改变了国内高档数控刀具主要依赖进口刀具的现状，对支撑我国机械制造业的发展，提高我国航空航天业数控加工技术水平和制造能力具有重要意义。

中心围绕制造业发展，积极参与政府主管部门和各行业协会的活动，为福建省及厦门市的制造企业发展出谋划策。中心累计调研企业 50 多家，先后组织编制了《厦门制造 2025》《厦门市先进制造业“十三五”发展规划》等。同时，中心还调研了泉州众多企业，主导或参与了《石狮市智能制造行业调研报告》《泉州数控一代示范工程实施情况》等调研报告的撰写，参与了《“数控一代”典型案例（泉州卷）》的调研与撰写工作。

8.制造业可持续发展战略与技术福建省高校重点实验室

2019 年 8 月，福建省教育厅设立制造业可持续发展战略与技术福建省高校重点实验室。实验室立足于国际制造业发展趋势以及我国制造业发展总体战略。针对福建省车辆装备发展现状，该中心围绕装备制造业的产品研发、全生命周期管理、产业规划，相关政策、法律法规的制定以及绿色制造、绿色设计等可持续发展关键技术，以工程学科为主导、汇集信息、能源、管理、经济、环境可持续等相关学科的力量，开展多学科交叉合作，为政府、制造行业和企业提供关键技术、战略咨询等软硬件服务。实验室主要研究内容包括福建省车辆产业链、产业环境分析，面向可持续发展的车辆产业规划和自主创新策略研究，车辆装备的全生命周期评价方法与技术，绿色设计和制造关键技术以及车辆的节能、智能化和新能源等关键技术。这些技术为福建省车辆装备行业可持续发展提供战略政策的制定和关键前沿技术的研发提供依据和支撑。

实验室现有固定成员 31 人，由厦门大学机电、经济、管理、能源、材料等学科的教授、副教授、高级工程师组成。具备机电一体化设计、仿真分析、产业环境/政策分析、战略管理、企业管理、新能源等研发设计和制造能力，可为福建省装备制造业提供产业咨询、战略规划、关键技术研发等服务。

目前实验室已开展客车与工程机械 NVH 关键技术研究与产业化应用，"工程机械减振降噪技术创新研究与应用"的转化应用推广所产生的直接经济效益达 6500 万元，合作研发的新机型 XG918E 获得"厦门市优秀新产品三等奖"，项目研制的减振降噪技术对于促进工程机械的改进升级具有重要意义，其推广应用推动了厦门市工程机械产业技术的快速发展。实验室已研究并掌握了成熟的多齿刀具设计方法和微细连续金属纤维的批量化制造技术，研发了以线材为原材料的金属纤维切削制造专用设备，并成功开发出具有不同微通道结构的甲醇/乙醇重整制氢微反应器，在结合微通道结构优化设计方法的基础上，形成了低碳醇重整制氢微通道反应器制造的基础理论和创新技术，提升了我国在微通道制氢反应器领域的设计与制造水平。实验室针对百瓦级质子交换膜燃料电池的测试需求，设计了燃料电池测试系统，包含供气模块、气体温控与加湿模块、电池温控系统、极化特性及电化学特性测试模块，具有可实现燃料电池运行条件控制和可采集电化学输出特性数据的功能。实验室提出了工程机械仿人智能模糊换挡控制策略，并采用模块化设计研制了工程机械换挡控制器，实际测试节能 12%以上。

此外，航空航天学院还有控制与导航福建省高校重点实验室、福建省智能传感与仪器协同创新中心等科研平台。

（三）对外交流与合作

学院不断加强与世界高水平大学、研究机构的合作与交流。由学院领导带队，先后到哥伦比亚大学、卡尔顿大学、多伦多大学、哈佛大学、麻省理工学院、斯坦福大学、加州大学伯克利分校、华盛顿大学、南洋理工大学、新加坡国立大学等高校和澳大利亚、马来西亚等国进行合作交流与招聘宣传。学院还鼓励和支持中青年教师赴国外高水平大学、研究机构开展合作研究和学术交流。同时，经常性地邀请国内外著名学者来访学校，开设讲座、互动交流。

2017 年，学院接待诺丁汉大学副校长和利兹大学 Shane Xie 教授来访，双方就学术交流和人才培养等方面所存在的问题和所取得的经验进行交流与分享。

2018年，学院接待爱丁堡大学 Stephen William Warrington 来访，就爱丁堡"2＋2"和"4＋1"学生项目面向学院学生进行宣讲活动。

2019年，学院接待美国安伯瑞德大学陈义旋女士一行来访，就建立航空培训和研究中心等议题进行交流与沟通。阿姆斯特丹航空航天学院院长 Ivo van Oosterhou、福建隆祥通用航空有限公司李鸣董事长、荷兰中欧航空集团李晟先生等一行来访交流，就航空学术、实训及实习、未来合作办学等议题进行交流。

（四）学术活动与研讨

学院通过举办各类学术会议，提高相关学科在国内外的知名度以及行业内的影响力。

2017年3月，承办第21届国际航天飞机与高超声速会议。这是 AIAA 旗下全球最知名的系列交流大会，也是首次在中国召开。此次会议邀请了中、美、德、法、意、日等各国知名航空航天机构的专家学者、政府官员以及中国工程院院长出席。会议的成功举办，提升了航空航天学院乃至厦门大学在航空航天领域的知名度。

2017年11月，举办第九届航空航天无损检测国际研讨会。该会议旨在为航空航天无损检测与结构健康监测研究人员提供交流平台，特别是促进学术界与工业界的沟通交流，对于航空器与航天器结构完整性与安全性的技术进步具有重要意义。

2018年7月，举办2018远东无损检测新技术论坛。邀请美国斯坦福大学教授 Fu-Kuo Chang、美国西北大学教授 Sridhar Krishnaswamy 等专家参会，在促进中国无损检测科学技术发展方面发挥着举足轻重的作用。

2018年8月，举办 IEEE/CSAA 制导、导航与控制学术会议。该会议吸引了来自中国、美国、新加坡、瑞典等7个国家与地区的约680位专家及学者参与，所录用的560篇论文以口头和海报形式进行交流。大会邀请 GNC 领域的国内外知名学者进行特邀报告，并设立总师论坛。会议现场评审"冯如"最佳论文奖、"李明"最佳论文奖，首次设立最佳海报论文奖。会议的成功举办，扩大了厦门大学航空航天学院在国内和国际在导航、制导与控制领域的影响力，也为同行了解学院，为厦门大学导航、制导与控制领域的发展起到了推动作用。

2018年10月，举办飞行器健康管理技术国际研讨会。此次研讨会重点围绕民用飞机与航空发动机在研制和运营中的检测和维修关键技术及其面临的挑战，邀请国际学术界与工业界的知名学者与专家做主旨报告，介绍国际大数据时代的飞机数字化维修与物联网时代的飞行器健康管理技术的最新研究成果和工程应用进展，展望飞行器健康管理技术未来发展趋势与前景，服务于全球“一站式”航空维修基地建设。同时邀请中国学术界与工程界飞行器健康管理领域的著名学者以及中国商飞与中航工业主机所的专业总师等参加圆桌会议研讨，促进我国飞行器健康管理技术的快速发展。

2019年7月，举办2019年第十一届全国技术过程的故障诊断与安全性学术会议。本次会议由山东科技大学副校长周东华教授担任大会主席，邀请加拿大、英国等国家和地区的知名学者参会。

2019年7月，承办第十二届亚太近场光学(APNFO)国际会议。会议为纳米光学领域的领先科学家和年轻研究人员提供机会讨论近场光学前沿研究中的新思想和新方法，促进亚太地区的学术研究交流，增加国内各大院校及研究机构在国际学术界的能见度。会议研究领域覆盖近场纳米光学的新概念和新现象、纳米光学理论和模拟、近场增强现象、非线性光学、纳米光学器件和设计、超材料、红外与太赫兹技术、超分辨技术、纳米光学制造等热门研究方向。

2020年10月，举办全国第十九届空间及运动体控制技术学术会议暨第三届杨嘉墀智能控制论坛。会议每两年举办一次，是领域内高级别学术会议。本届会议共收录论文投稿105篇，出版会议摘要集和电子版论文集，厦门大学航空航天学院自动化系十余名专任教师发表论文。会议共交流论文64篇，内容主要涉及：航天器智能自主控制、动力学建模与姿态控制、制导导航与控制、控制系统设计、机器人和敏感器与执行机构等技术。

2020年11月，承办第三届中国空天推进技术论坛，论坛主题为“空天推进技术的融合创新”，旨在面向“十四五”及科技强国、航天强国建设，聚焦空天推进领域核心关键技术，研讨共性科学问题，研判未来发展方向，促进领域技术、智慧和产业的深度融合。论坛于11月6日全天进行11篇主题报告交流。院士、专家报告涵盖航空动力、临近空间吸气式动力、组合动力、航天液体和高轨空间动力等方面，由空至天，由单一动力到组合动力，充分展示了近年来空天推进技术领域融合创新发展的最新成果。11 月 7 日全天进行四个分论坛的交流研讨。论坛共有 431 篇收入论文集，评选优秀论文 97 篇并作交流，其中一等奖 6 篇、二等奖 13 篇、三等奖 23 篇。

2020 年 11 月，承办第十九届全国高超声速气动力/热学术交流会，此次会议着重针对高超声速飞行器技术领域发展的前沿问题，探讨高超声速空气动力学在理论、计算和试验方面的最新研究成果和发展需求。学校及相关学科通过本次会议进行学术探讨与合作交流，对学科发展、扩大学院国内影响力有着重要意义。

二、学院教学与科研成果

(一)精品课程与教学改革

表 4-2-1　精品课程与教学改革

年度	项目系列	项目名称	等级
2020	线上线下混合式一流课程	电气控制技术	国家级
2017	精品在线开放课程	电气控制实践训练	国家级
2014	国家级虚拟仿真实验教学中心	机电类虚拟仿真实验教学中心	国家级
2014	虚拟仿真实验教学中心	机电类	国家级
2013	卓越工程师教育培养计划	机械设计制造及其自动化	国家级
2013	卓越工程师教育培养计划	飞行器动力工程	国家级
2013	卓越工程师教育培养计划	自动化	国家级
2020	教学改革研究项目	新工科背景下双创人才培养模式的探索	福建省
2020	线上线下混合式一流课程	气体动力学基础	福建省
2020	线上线下混合式一流课程	电气控制实践训练	福建省

续表

年度	项目系列	项目名称	等级
2020	虚拟仿真实验教学一流课程	硬盘制造自动化产线控制系统设计与调试	福建省
2020	社会实践一流课程	互联网创业引导与实践	福建省
2019	教学改革研究项目(重大)	基于双轮驱动的航空航天类研究生创新培养体系构建	福建省
2019	教学改革研究项目	智能制造领域工程创新人才培养探索与实践	福建省
2019	慕课应用型本科教学团队	电气控制实践训练	福建省
2019	线下一流课程	微机原理与接口技术	福建省
2019	精品线上线下混合式课程培育项目	电气控制实践训练	福建省
2019	虚拟仿真实验教学项目	航空发动机原理与控制仿真实验	福建省
2018	教学改革研究项目	面向航空工程类创新人才的“赛—学—研—创”培养模式研究	福建省
2018	虚拟仿真实验教学项目	零部件制造产线控制系统设计与调试	福建省
2018	虚拟仿真实验教学项目	钻铣加工中心刀库拆装及换刀	福建省
2017	教学改革研究项目	面向“中国制造 2025”创新创业人才培养体系平台建设	福建省
2017	教学改革研究项目	高校创新创业人才“四维一体”培养模式研究	福建省

续表

年度	项目系列	项目名称	等级
2017	教学改革研究项目	基于学科交叉导师组的研究生学术生态环境构建与创新能力培养模式探索	福建省
2017	创新创业教育改革项目	互联网创业引导与实践	福建省
2017	创新创业教育改革项目	测控技术与仪器	福建省
2016	教学改革研究项目	面对国际工程教育专业认证要求的机械制造及其自动化专业课程体系研究	福建省
2016	教学改革研究项目	面向创新创业的自动化卓越工程师培养	福建省
2016	高等学校服务产业特色专业立项建设名单	机械设计制造及其自动化	福建省
2016	高等学校服务产业特色专业立项建设名单	飞行器设计与工程	福建省
2016	高等学校服务产业特色专业立项建设名单	测控技术与仪器	福建省
2016	在线开放课程	电力电子技术	福建省
2016	在线开放课程	电气控制实践训练	福建省
2015	教学改革研究项目	项目导向型的机器人方向的大学生创新创业、学科竞赛全开放式实践平台建设	福建省
2015	创新创业教育改革项目	自动化	福建省
2015	实验教学示范中心	测控技术及仪器	福建省
2014	教学改革研究项目	飞行仿真实验室	福建省
2012	专业综合改革试点	机械设计制造及其自动化	福建省
2009	实验教学示范中心	机电工程训练中心	福建省

(二)教学成果获奖

表 4-2-2 教学成果获奖

项目名称	获奖时间	单位	主要完成者	级别
航空工程创新型人才“学—赛—研—创”链式培养模式的改革与实践	2020	厦门大学	殷春平、董一巍、尤延铖、刘汝兵、刘志荣、孙洪飞	省级一等奖
产教融合引领下的新工科创新人才协同聚力联合培养	2020	厦门大学嘉庚学院、厦门大学	刘暾东、邵桂芳、郭一晶、夏靖波、王颖、刘宝林、周牡丹、文玉华	省级一等奖
递进、协同与发展的自动化创新人才培养体系	2018	厦门大学	王颖、吴顺祥、陶继平、邵桂芳	省级一等奖
无人机科创平台建设	2014	厦门大学	吴了泥、郭立军、梁栋、吴榕、林麒、林辉、熊光明	省级二等奖
基于项目驱动的工程创新实践教学	2014	厦门大学	胡天林、祝青园、席文明、李继芳、林春	省级二等奖
采用新模式培养国际航空维修人才	2001	厦门大学	林麒、吴榕、林辉、许克平、许茹	省级二等奖

(三)科研成果获奖

表 4-2-3 科研成果获奖

奖励名称	等级	类别	项目名称	完成单位	主要完成者
2020年度高等学校科学研究优秀成果(科学技术)奖	一等	技术发明奖	基于相关原理的设计方法及应用	厦门大学	尤延铖、朱呈祥、黄玥、朱剑锋、施崇广、郑晓刚
2020年度高等学校科学研究优秀成果(科学技术)奖	二等	技术发明奖	切削纤维多孔金属制造关键技术及应用	厦门大学、华南理工大学、广州大学	周伟、万珍平、褚旭阳、向建化、凌伟淞
2019年度福建省科学技术奖	一等	科学技术进步奖	基于乘波原理的飞行器前体/进气道/发动机一体化设计方法及应用	厦门大学	尤延铖、朱呈祥、朱剑锋、李怡庆、黄玥、吴了泥、邱若凡、李涛、施崇广、郑晓刚
2019年度厦门市科学技术奖	/	科技创新杰出人才	/	厦门大学	侯亮
2019年度厦门市科学技术奖	二等	科学技术进步奖	高精高效绿色螺杆压缩机主机设计制造技术及产业化研究	厦门大学、厦门东亚机械工业股份有限公司、集美大学	姚斌、韩文浩、沈志煌、陈彬强、卢杰、林思桥、苏小仕、朱汉城

续表

奖励名称	等级	类别	项目名称	完成单位	主要完成者
2016年度福建省科学技术奖	二等	科学技术进步奖	工程机械高效节能与主动安全技术创新及应用	厦门大学、厦门厦工机械股份有限公司	侯亮、祝青园、黄鹤艇、卓继文、王少杰、陈鹰龙、崔战胜
2016年度厦门市科学技术奖	一等	科学技术进步奖	工程机械减振降噪关键技术创新及其应用	厦门大学、厦门厦工机械股份有限公司	侯亮、郭涛、蔡惠坤、祝青园、曾晓岚、卜祥建、黄阳印、吴永华
2015年度福建省科学技术奖	三等	科学技术进步奖	面向复杂煤层的煤矿综合自动化系统研制与应用	厦门大学、福建煤电股份有限公司	罗键、谢俊钢、曹浪财、陈昭行、俞新芳

(四)主要科研项目

表 4-2-4 “十三五”以来立项的部分纵向科研项目(立项金额≥100 万)

序号	项目名称	项目负责人	项目类型	立项金额（万元）	开始时间	结束时间
1	大口径光学非球面超精密磨削机床研制	彭云峰	国家科技重大专项子课题	943	2017.04	2019.12
2	高超声速航空动力技术研究(福建省)	尤延铖	福建省发改委产业技术研究开发项目	750	2018.01	2019.12

续表

序号	项目名称	项目负责人	项目类型	立项金额（万元）	开始时间	结束时间
3	高超声速航空动力技术研究（厦门市）	尤延铖	厦门市发改委	750	2018.01	2020.12
4	高效制氢技术	周　伟	“十三五”装备预研共用技术和领域基金	320	2018.11	2019.12
5	轴承式单向超越离合器研发及产业化	许水电	福建省重大专项	300	2017.04	2020.04
6	新型轮式拖拉机智能制造新模式应用	姚　斌	工信部智能制造综合标准与新模式应用项目	260	2016.06	2018.05
7	基于逻辑门的微流控系统设计与3D打印制造基础研究	孙道恒	国家自然科学基金联合基金项目	260	2016.01	2019.12
8	医疗用微纳集成芯片及集成系统	马盛林	国家重点研发计划子课题	220	2020.01	2023.12
9	物流无人自转旋翼机研发及市场推广	尤延铖	厦门市科技局成果落地转化项目	200	2020.03	2022.02
10	高效氢气纯化及定向除杂技术	周　伟	“十三五”装备预研共用技术和领域基金	200	2019.01	2020.12

续表

序号	项目名称	项目负责人	项目类型	立项金额（万元）	开始时间	结束时间
11	航空发动机关键零部件加工用精密刀具智能制造生产线建设	姚　斌	工信部智能制造综合标准与新模式应用项目	180	2016.01	2020.12
12	面向节能降耗的新能源客车研发及产业化	侯　亮	厦门市科技局厦门市重大产业科技项目	153	2019.07	2021.12
13	高硬度难加工材料花键加工技术研究	姚　斌	航发产学研项目	153	2020.01	2021.12
14	光学元件超精密磨床	王振忠	工信部其他项目	130	2019.06	2022.05
15	功能微结构形性调控与精密制造	周　伟	国家自然科学基金优秀青年科学基金项目	120	2020.01	2022.12
16	风洞六自由度虚拟飞行试验关键技术研究	林　麒	国家自然科学基金面上项目	108	2015.01	2018.12
17	高可靠重载大排量柱塞泵设计与测试方法	叶绍干	国家重点研发计划子课题	100	2019.07	2022.06
18	面向平板显示的智能视觉检测系统	王　磊	厦门市科技局成果落地转化项目	100	2020.03	2022.03

（五）出版教材

表 4-2-5　出版教材

教材名称	著者/编者姓名	出版社	出版年份	教材级别
电工学与电路实验全教程——以学生为中心的智慧实验新理念	李继芳、张丹、黄永龙、林春	电子工业出版社	2020	国家级规划教材
汽车总装工艺及生产管理	侯亮、王少杰、潘勇军（译著）	机械工业出版社	2020	
现代控制理论基础	曾建平	厦门大学出版社	2020	
数据库系统实践	洪文兴等	厦门大学出版社	2020	
电气自动化技术实践与训练教程	李继芳	厦门大学出版社	2019	
微机原理与接口技术（第三版）	洪永强、薛文东	科学出版社	2018	教育部国家级规划教材
现代机械强度引论	陈立杰	冶金工业出版社	2018	国家级规划教材
电气控制实践训练数字教材	李继芳、鲍平	高等教育出版社	2018	
微机原理与接口技术（第二版）	洪永强、王一菊、颜黄苹	科学出版社	2017	教育部国家级规划教材
电工学实验（第 2 版）	林育兹、李继芳	高等教育出版社	2016	教育部国家级规划教材

续表

教材名称	著者/编者姓名	出版社	出版年份	教材级别
现代车辆能量管理系统及其传感器	蔡惠坤、王昕	上海交通大学出版社	2016	
Study on Robot-Assisted Microinjections on Zebrafish Embryos 面向斑马鱼卵细胞的机器人辅助微操作控制(英文版)	谢瑜	上海交通大学出版社	2016	
电气工程技术实训教程	李继芳	厦门大学出版社	2016	
工程控制系统设计与实践	彭侠夫、李福义	厦门大学出版社	2016	
工程系统的建模与控制	席斌(译著)	高等教育出版社	2016	
基于群体智能的电力系统优化调度理论与方法	张景瑞、刘厚德	清华大学出版社	2016	
现代机械强度引论	陈立杰	冶金工业出版社	2015	
可编程序控制器基础与逻辑控制	林育兹	高等教育出版社	2015	
先进光学元件微纳制造与精密检测技术	郭隐彪、杨平、王振忠、杨炜	国防工业出版社	2014	
机械工程实践与训练	姚斌、曾景华、张金辉、路晓东等	清华大学出版社	2014	

续表

教材名称	著者/编者姓名	出版社	出版年份	教材级别
电工学实验	林育兹、李继芳、李延福、陈新	高等教育出版社	2010	教育部国家级规划教材
变频器应用案例	林育兹	高等教育出版社	2007	
电工技术	林育兹、程翔、李继芳、郭光真	科学出版社	2006	
飞机性能工程	黄太平	科学出版社	2005	
磨削加工工艺及应用	郭隐彪、杨炜、王振忠	国防工业出版社	2000	
可编程序控制器原理及逻辑控制	林育兹、鲍平	机械工业出版社	2000	
电工电子学	林育兹、李继芳	电子工业出版社	2000	
工程热力学和流体力学	林麒	厦门大学出版社	1998	

（六）福建省研究生优秀学位论文

表 4-2-6　福建省研究生优秀学位论文

年份	作者姓名	导师姓名	类别	论文题目
2019	凌伟淞	周　伟	博士	环路热管中纤维吸液芯蒸发器与微通道冷凝器的设计加工及性能研究
2019	徐　扬	尤延铖	博士	基于仿射变换的多智能体系统分布式编队控制技术研究

续表

年份	作者姓名	导师姓名	类别	论文题目
2019	李钰雯	吴顺祥	博士	基于模糊粗糙集模型的特征选择方法研究
2018	龚　平	兰维瑶	博士	非线性分数阶多智能体系统一致性问题研究
2018	焦少妮	曾志伟	博士	碳纤维复合材料及铝蜂窝夹层结构涡流检测研究
2019	陈秉垚	李卫彬	学术硕士	微损伤识别和定位的非线性超声导波方法研究
2019	黄诗镇	曾　涛	学术硕士	挤压式弧度再现过程中二阶信息还原研究
2019	鲁麟宏	曾建平	学术硕士	非线性变参数系统吸引域分析及综合
2018	张　红	曾念寅	学术硕士	基于深度学习与粒子群优化算法的免疫层析试条定量检测研究
2018	刘韶宇	周　伟	学术硕士	倾斜微结构金属干式电极激光加工成形及综合性能研究
2017	姜佳昕	赵　扬	学术硕士	多射流电纺成膜及其电渗析性能研究
2016	赵建丰	项林英	学术硕士	基于输出反馈的线性多智能体系统触发控制 研究
2016	林　爽	张景瑞	学术硕士	基于小种群差分进化算法的电力系统优化运行研究
2019	罗毅辉	孙道恒	专业硕士	石墨烯复合材料柔性压力传感器的喷印制造及性能研究

续表

年份	作者姓名	导师姓名	类别	论文题目
2019	王思露	张景瑞	专业硕士	基于 I-NSGA-Ⅲ的电力系统高维目标潮流优化及其决策支持
2019	庞　聪	曾建平	专业硕士	基于前倾斜 2D 激光雷达移动扫描的障碍检测与道路跟踪方法研究
2019	彭　瀚	黄　玥	专业硕士	流体障碍物加速火焰传播及缓燃转爆震的机理研究
2018	邓　磊	吴德志	专业硕士	激光直写石墨烯基微纳功能器件工艺研究
2018	陈汇丰	连云崧	专业硕士	面向绿色切削的等离子体织构化刀具设计制备及其切削性能研究
2017	万　伟	邓大祥	专业硕士	高性能内陷微通道微细铣削加工成形及性能研究
2017	程　琛	何良宗	专业硕士	开关电容型多电平逆变变流方法的研究与实现
2017	杨承帅	陈　飞	专业硕士	具有异质扰动的多移动机器人的分布式集结与跟踪
2017	刘　伟	周　伟	专业硕士	表面微结构阵列金属干式电极激光制造成形及电学性能研究
2016	杨　旭	王振忠	专业硕士	超精密飞切机床动态特性测试分析与优化研究

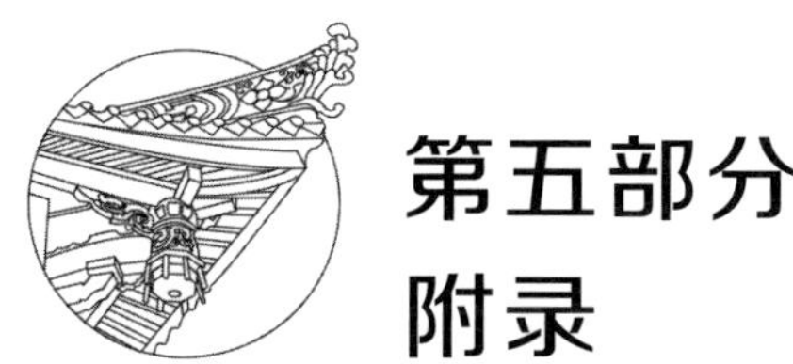

第五部分 附录

任重道远 继往开来

附录一：大事记

本附录记载了厦门大学航空航天学院有关专业在1937—2020年的83年间，由系到学院，在教学、科研、人才培养、学科建设、社会服务和事业发展等方面的重大事件及相关重要人物。按时间顺序记录在册，不仅反映发展历程，也为未来发展提供可资借鉴的依据。大事记遵循尊重事实、反映真相、力求准确、详略得当的原则，只作客观记述，不作主观评述。

1937—1952年

1921年，陈嘉庚先生创办厦门大学，以“自强不息，止于至善”为校训，制定了“研究高深学问、养成专门人才、阐扬世界文化”的办学宗旨，广揽名师、潜心学术、培养人才。

1937年，厦门大学时任校长萨本栋提议增设隶属于理学院的土木工程学系，是年该系正式开办，萨本栋亲自兼任系主任。土木工程学系的开办可视为厦门大学工科高等教育的开端。

1939年，国民政府教育部要求厦门大学理学院筹建机电工程学系。同年，朱家炘教授应萨本栋之邀来土木工程学系任教，并着手筹备机电工程学系。翌年秋，机电工程学系正式设立，朱家炘教授为首任系主任。

1940年，理学院更名为理工学院，谢玉铭教授任院长，此后傅鹰、汪德耀、黄苍林等教授继任院长。

1944年2月，国民政府教育部要求，厦门大学机电工程学系改制设双班（机械班、电机班），并增设航空工程学系。同年秋，航空工程学系成立，时任理工学院院长黄苍林兼任航空工程学系代理系主任，此后叶蕴理、田培叶、林士谔等教授先后继任系主任。

1946 年，厦门大学在厦门征得投降日军的“神风特攻”快艇三艘，航空工程学系也向空军总司令部申请到一批仪器设备，由此组建了发动机、飞机结构和仪表特设三个实验室。

1947 年，联合国善后救济署拨给厦门大学一批设备，包括发电机、原动力机、航空工程实验装备、工具机械和材料试验机等，航空工程学系相应开设了“飞机设计实习”“航空仪器实习”“发动机实习”“风洞实习”“飞机构件实物陈列”等实验课程。

1948 年 7 月，机电工程学系分设机械工程和电机工程两个子系，机械工程学系、电机工程学系由朱家炘教授和寿俊良教授分任系主任。

1951 年，按中央部署，全国高校开始大规模院系调整，厦门大学、北洋大学和西北工学院的航空系合并成立清华大学航空学院，厦门大学原航空工程学系全部划归清华大学。

1951－1952 年，厦门大学工科参加全国高等院系大调整，进行系统教学改革。在调整中取消了学院建制，机电工程学系分别并入浙江大学和南京工学院（现东南大学），航空工程学系并入清华大学，后又并入北京航空学院（现北京航空航天大学）。上述院校机械工程、电机工程、航空工程专业创建初期骨干师资、优质生源有相当部分源自厦门大学。

1972—1999 年

1972 年，厦门大学在数学系创办控制理论专业。

1977 年，厦门大学与华东师大、山东大学、南开大学、中山大学同行一同发起关于全国控制理论与应用的学术交流。

1978 年，李文清教授招收第一届滤波与随机控制方向硕士生。

1978 年，李文清教授参加原国家 105 重点项目“发展系统工程，研究大系统的最优设计、最优控制、最优管理”的研究，参加由教育部组织的该科研组在 1978 年、1979 年、1980 年三次学术讨论与工作协调会议。

1979 年，在厦门举办第一届全国控制理论与应用学术交流会，该会议后续发展为中国控制会议。

1979 年，贺建勋教授招收大系统理论与应用方向硕士生。

1980年6月，学校召开文、理科发展规划座谈会，部分教师建议恢复工学专业，并在会后提出建立科学仪器与实验工程系的书面意见，同时向国家仪器仪表工业总局和中国仪器仪表学会反映。

1981年，厦门大学主办中国自动化学会系统工程专业委员会第三次学术讨论会。

1981年，厦门大学数学系获运筹学与控制论硕士学位授予权。

1981年5月，学校在向教育部呈报的《关于我校“六五”计划和十年设想的报告》中，正式提出设置科学仪器工程专业的设想。

1982年，在李文清教授等的筹划下，以控制理论专业为基础的计算机科学系成立，这是国内最早组建的计算机系之一，李文清教授为首任系主任。

1982年，计算机科学系增设计算机软件专业。

1982年2月，国家仪器仪表工业总局致函教育部，建议“同意厦门大学、天津大学两校设立分析技术及仪器专业”。

1983年2月，教育部同意厦门大学增设科学仪器工程专业。

1983年6月，厦门大学决定成立科学仪器工程系（简称科仪系），任命厦大化学系分析化学专业季欧副教授担任系主任。

1983年9月，科仪系开始招收本科生。

1984年，计算机科学系增设系统工程专业，配齐了“控制论”、“信息论”和“系统论”三论中的专业。

1985年，科学仪器工程系、电子工程系（物理系抽调师资组建）和计算机科学系（数学系抽调师资组建）组建成为技术科学学院。

1986年，计算机科学系主办中国系统工程学会教育普及工作委员会与教育系统工程专业委员会第三次学术会议。

1986年，能源部、航天部教育司与厦门大学签订培养人才协议，提供75万元用于改善计算机科学系办学条件，并运用创收经费，加盖科学楼四楼、建成SUN 3工作站。

1986年，计算机科学系获系统工程专业硕士学位授予权。

1987年，计算机科学系更名为计算机与系统科学系。

1987年，黄长艺教授被中华人民共和国国家机械工业委员会聘请为高等工业学校机械制造工艺与设备专业教学指导委员会委员，扩大了仪器与电气专业的对外影响力。

1988 年,计算机与系统科学系主办全国决策理论及应用学术讨论会、全国稳定性理论及应用学术交流会,并举办首届福建省中学生系统科学夏令营。

1989 年,计算机与系统科学系主办第三届全国系统与控制科学学术讨论会。

1991 年,计算机与系统科学系受中国系统工程学会委托,举办全国学生系统科学夏令营。

1991 年,中国空间技术研究院与厦门大学签订关于进一步发展双方合作的会谈纪要,在计算机与系统科学系设 CAST 奖,继续提供实习条件,开展预研课题研究。

1991 年 12 月,计算机与系统科学系分立为计算机科学系和系统科学系,其中系统科学系设系统工程、控制科学两个本科专业,运筹学、控制论两个硕士学位授权点。

1992 年,能源部教育司与厦门大学签订《关于厦门大学为能源部培养系统工程专业人才的协议书》,共提供 30 万元用于改善办学条件。

1993 年,主业为维修飞机的香港飞机工程有限公司转移投资至厦门办厂,成立厦门太古飞机工程有限公司。当时厦门没有航空工业,也缺乏航空专业技术人才。本着为厦门市地方经济建设服务的宗旨,厦门大学应厦门市政府商请,决定在停办航空教育 40 余年后重新开办航空专业。同时,香港飞机工程有限公司赠送厦门大学一个波音 747—400 型飞机的机头,作为航空教育专业的教具。

1993 年,中国空间技术研究院(简称五院)重新与厦门大学签订合作协议,在 5 个方面开展合作:互聘兼职教授、设立 CAST 奖、本科生到五院毕业实习、参加五院的预研课题研究、向五院保送研究生。陈亚陵、曾昭磐、李茂青等教授先后被聘为中国空间技术研究院兼职研究员。

1993 年 1 月,控制科学专业获准改为自动控制专业。

1994 年,厦门大学与厦门市签署《教育部和厦门市共建厦门大学工学院协议》,厦门大学技术科学学院正式更名为"厦门大学工学院",时任副校长辜联昆兼任工学院首任院长。

1994 年,国家教委、厦门市政府共建的厦门大学工学院飞机维修工程专业应运而生,由工学院直管,工学院黄长艺副院长担任专业筹建负责人。根据太古飞机工程公司的要求和厦门大学当时的办学条件，以及我国高等工科学校办学的经验，决定创办三年制的专科，当年秋季开始招生，由林麒副教授负责制定专业教学计划和 OJT 在岗实习计划。

1994 年，中国控制与决策学术年会举办。

1994 年，科仪系设立机械设计制造及其自动化(机械电子工程)专业。

1994 年 1 月，运筹学与控制论专业获准改为自动控制理论及应用专业。

1996 年 9 月，工学院成立以院长助理许茹为组长、林麒和吴榕为组员的三人小组，对飞机维修工程专业进行管理。

1996 年 10 月，系统科学系更名为自动化系。

1997 年 7 月，首届飞机维修工程专业学生毕业，厦门市人民政府时任市长洪永世委派市人民政府时任秘书长到校参加该届学生的毕业典礼，并宣读他的贺信。本届招收学生 36 人，毕业后有 33 人进入太古飞机工程公司工作。

1998 年，科学仪器与精密机械系更名为机电工程系。

1998 年，机械工程学科发展迅速，并成为厦门大学富有特色的优势工科学科。机电工程系成为福建省机械工程学会副理事长、厦门市微机电研究会理事长、厦门市客车与工程机械产业联盟副理事长、厦门市技术创新协会副会长单位。

1999 年，由计算机科学系、自动化系和电子工程系组建计算机与信息工程学院。

1999 年，按照原国家教委的要求，厦门大学进行专业合并调整，自动化系将自动控制专业和系统工程专业合并为自动化专业。

1999 年，学校以“飞机工程专业”为名称招收本科生。

1999 年，“科学仪器工程”专业改成“测控技术与仪器”专业。

1999 年 7 月，厦门大学进行院系调整，撤销了工学院，电子工程系和自动化系分别归属新成立的物理与机电工程学院和计算机与信息工程学院，而飞机维修工程专业则划归计算机与信息工程学院的电子工程系。

1999－2012 年，林麒教授任福建省力学学会副理事长。

2000—2014 年

2000 年，厦门大学高等职业技术教育学院开办“飞机维修工程专业”(专科）。

2000 年，飞机维修工程专业得到高职院的经费支持，开始有计划地进行实验室建设。

2000 年，高职院开始招收飞机维修工程专业专科生，专业教学和建设工作由物理与机电工程学院的飞机工程教研室负责。

2000 年，学校开始以“机械类（飞机工程方向）”为名称招收本科生。

2000 年 1 月，厦门大学正式发文，将飞机工程专业划归物理与机电工程学院机电工程系，并成立飞机工程教研室。

2000 年 3 月，自动化系系统工程专业部分教师转入新组建的厦门大学管理学院管理科学系。

2001 年，飞机维修工程专业办学成果获福建省高等教育成果二等奖。

2001 年，教育部高教司批准厦门大学高职院为第一批高职、高专改革试点单位，飞机维修工程专业列入其中。厦门大学高职院被教育部发展规划司列入第一批示范性职业技术学院建设，飞机维修工程专业成为全国高职示范专业。

2002 年，教育部划拨经费供高职院建设实验室。高职院将其中的 250 万元用于建设“飞机维修工程专业”实验室，并委托飞机工程教研室负责建设，教研室统一制定了建设规划。

2002 年，设立“飞行器动力工程专业” 的申报获教育部批准。

2002 年，自动化系获控制工程领域工程硕士学位授予权。

2002 年，自动化系主办国际控制与自动化学术会议、国际工程制造与管理学术会议。

2003 年，厦门大学开始以“飞行器动力工程”专业招收本科生。

2003 年，福建省航空学会理事会换届，学会挂靠厦门大学，黄太平教授任理事长。

2003 年，自动化系获批“控制理论与控制工程”二级学科博士点。

2003 年，厦门大学成立系统与控制研究中心。

2003 年，机电工程系获批“测试计量技术及仪器”二级学科博士点。

2003 年 6 月，经厦门太古飞机工程有限公司牵头，英国 Snapdragon 航空公司将一架 B747－200 飞机机体赠送给厦门大学。

2003 年 12 月 13－18 日，由福建省航空学会，厦门大学党委宣传部、校团委和机电工程系联合举办的“百年飞翔”纪念航空百年系列活动开幕式在三家村学生活动中心举行，旨在欢庆世界航空百年纪念日、增进全校师生对航空史和航空工业的了解。

2003 年 12 月 27 日，机电工程系复办五周年暨科仪系建系 20 周年庆祝大会在厦门大学克立楼举行。时任副校长孙世刚、中国仪器仪表学会党组书记刘津西等出席大会。

2004 年，计算机与信息工程学院更名为信息科学与技术学院。

2005 年，系统工程二级学科博士点获批。

2005 年，控制科学与工程一级学科硕士点获批。

2005 年，控制理论与控制工程学科获批福建省重点学科。

2006 年，机电工程系获批“精密仪器及机械”二级学科博士点。

2006 年，自动化系组建厦门大学机器人南强足球队，获得 2008 全国足球机器人大赛仿真 2D 冠军、2009 国际 ROBOCUP(足球机器人世界杯)大赛仿真 3D 季军，随后多年多次获得国际 ROBOCUP 大赛和全国机器人大赛大奖。

2006 年，机电工程系获批“机械电子工程”二级学科博士点。

2006 年，厦门大学“航空宇航制造工程”硕士点获批，2007 年开始招收硕士生。

2006 年 10 月，自动化系承办第 14 届中国系统工程学术年会。

2007 年，厦门大学取消飞机维修工程(专科)，从此不再招收大专学生。

2007 年 6 月，厦门大学聘请空军装备研究院总工程师甘晓华为物理与机电工程学院兼职教授。2011 年续聘。

2007 年 11 月，我校兼职教授、时任空军装备研究院总工程师的甘晓华(2011 年当选中国工程院院士)应邀来校做“南强学术讲座”报告。回去后他给时任厦门大学校长朱崇实写信，建议厦门大学将现有航空专业教研室发展为院或系，将更有利于学校事业发展、适应国家发展建设需要。

2008 年 4 月，飞机工程教研室从机电工程系分离出来，复办航空系。

2008 年 11 月，厦门大学与中国航空工业集团公司签订战略合作框架协议，并敦聘中航工业总经理林左鸣、副总经理张新国为厦门大学兼职教授、博士生导师。林左鸣向学校领导提议成立航空学院，他可提供帮助。

2009 年，厦门大学—中国空间技术研究院智能计算与智能控制联合实验室获批。

2010年,“仪器科学与技术”一级学科博士点获批。

2011年,“机械工程”一级学科博士点获批。

2011年4月,中航工业集团公司董事长林左鸣一行约20人来校参加90周年校庆。双方签订了深化战略合作协议书,同时签订“共建厦门大学航空学院”协议书。

2011年9月,航空系组队参加首届“中航工业杯”国际无人飞行器创新大赛,与中航工业集团的各飞机设计研究所及国内各强势航空航天院校同台竞技,取得三等奖(第九名)的优异成绩。

2012年,“机械工程”被列为福建省重点建设学科。

2012年,“测控技术与仪器”专业获批福建省特色重点学科。

2012年,“航空宇航科学与技术”一级学科硕士点设立,下设3个二级学科:飞行器设计、航空宇航制造工程、航空宇航推进理论与工程。

2012年,学校在海韵校园选址建设一栋新大楼,为物理、机电及航空学科发展提供更多空间和更好条件,并于91周年校庆期间为物理机电航空大楼举行隆重的动工仪式。时任校长朱崇实、中科院外藉院士萨支唐、校友陈一坚院士、菲律宾校友会理事长邵建寅、著名实业家佘明培夫人佘施淑好、中航工业成都飞机设计所副所长桑建华研究员、时任副校长赖虹凯、物理与机电工程学院党委时任书记洪永强和时任院长吴晨旭出席仪式,校党委时任副书记陈力文主持剪彩仪式。

2012年4月13日,中航工业集团公司与福建省政府签订战略合作协议,其中约定“共建厦门大学航空学院”。

2012年6月,厦门大学聘请陈一坚院士为航空系兼职教授。

2012年8月,仪器科学与技术博士后流动站获国家人力资源与保障部批准设立,依托机电工程系“仪器科学与技术”和“机械工程”两个一级学科博士点。

2013年,机械设计制造及其自动化专业入选教育部第三批卓越工程师计划。

2013年,自动化本科专业入选教育部卓越工程师培养计划,控制科学与工程学科获准设立福建省控制科学与工程研究生教育创新基地。

2014年,国家级机电类虚拟仿真实验教学中心获批。

2014年，航空系获批“航空航天工程”交叉学科博士学位授权点、“航空工程”专业硕士学位授权点，增加“飞行器设计与工程”本科专业(2015年开始招生)。

2014年2月，厦门大学聘请桑建华研究员(时任成都飞机设计所副所长)为航空系兼职教授。

2015—2020年

2015年4月6日，厦门大学建校94周年之际，航空航天学院在科学艺术中心音乐厅举行成立大会暨揭牌仪式。国内知名航空航天研究机构、企业，兄弟高校航空院系负责人以及厦门大学领导，相关部门、学院负责人和师生代表参加大会，大会由时任副校长邬大光主持。会上，学校敦聘中国工程院院士、航空发动机专家尹泽勇为航空航天学院首任院长。校党委书记张彦宣读任命文件，时任校长朱崇实颁发聘书。张彦、朱崇实、中国航空工业集团公司总经理助理刘井宏、尹泽勇共同为学院揭牌。朱崇实、刘井宏、中国空间技术研究院火星探测总指挥李长江、中国工程院院士陈一坚校友致辞，尹泽勇做就职发言。此后，学校整合资源，将学院各系分为飞行器系、动力工程系、机电工程系、仪器与电气系、自动化系，并成立工程技术中心、教育培训中心。

2015年4月6日，院长尹泽勇在科学艺术中心做了一场题为“民用大涵道比涡扇发动机的减震降噪抗冲击设计与验证”的“南强学术讲座”。

2015年11月10—13日，航空航天学院党委时任书记洪永强、常务副院长尤延铖率调研团赴上海、无锡和南京三地部分科研院所、集团公司调研。

2015年12月21日，中国科学院院士李天在厦门大学克立楼做题为“战斗机的进展”的“南强学术讲座”。

2015年，学院共承担国家、福建省自然基金项目、福建高校产学研合作重大项目、厦门市科技创新公共技术服务平台项目等各类纵向项目20多个、立项金额2000万元。其中侯亮教授获批立项2015年厦门市科技创新公共技术服务平台项目，为学院首个千万量级厦门市科技项目。孙道恒教授获批2015年海峡两岸联合基金，为学院首个重点项目级国家基金。

2015年，测控技术与仪器专业通过福建省特色重点专业验收。

2015年，机械工程学科顺利通过由福建省教育厅组织的省级重点学科考核验收评估。

2016年，机械设计制造及其自动化专业获批福建省服务产业特色专业。

2016年，承办国家自然科学基金委员会机械工程青年科学基金启动会。

2016年，“仪器科学与技术”学科在全国第四轮学科评估中，排位于B档（15～21位）。

2016年1月4日，学校公布学院系级机构及其领导岗位设置；学院立即召开党政联席会议，根据《厦门大学中层领导干部选拔任用工作暂行办法》要求成立干部选任工作组，制定学院系级领导干部选任工作方案，先后到6个系级单位开展干部选任考察工作。2016年2月29日，学校批复任命吴榕等16名教师为系级领导干部。12月14日，学校批复任命王培勇为动力工程系主任，同时免去邢菲动力工程系副主任职务。

2016年1月15日，由全国工程专业学位研究生教育指导委员会根据“全国示范性全日制工程硕士专业学位研究生联合培养实践基地评选办法”评审，“机电工程研究生培养创新基地”获评第二届“全国示范性工程专业学位研究生联合培养基地”，成为全国第二批37个实践基地之一，也是厦门大学和福建省第一个获得该荣誉的研究生培养基地。

2016年4月6日，学院文化墙揭幕仪式在院部嘉庚四5楼中厅举行。校党委副书记赖虹凯，航空航天学院院长、中国工程院院士尹泽勇，厦门太古飞机工程有限公司首席执行官陈正出席揭幕仪式。机电工程系1943级邵建寅及夫人林彦珍、1944级周咏棠、1944级徐其礼、1945级何管略、1944级苏林华、1948级沈詠仁夫人殷凤娟、1949级赖雨露，航空系1944级陆家沂、1946级谢希文，校友佘明培夫人佘施淑好，以及航空航天学院党政领导、师生代表参加仪式。邵建寅、周咏棠、陆家沂、赖虹凯、尹泽勇、陈正共同为学院文化墙揭幕。学院召开“我与航院共成长”院友论坛，分航空专场、机电专场、自动化专场三场举行。

2016年4月12日，吴宏鑫院士在海韵教学楼504报告厅做题为“航天器控制的现状与未来”的“南强学术讲座”；4月21日，亚当（Adam Siebenhaar）和乐嘉陵院士在科艺中心4号会议室分别做题为“Advances in Hypersonic Propulsion Concepts”和“Some Progress of High Speed Air－breathing Research in CARDC”的“南强学术讲座”；5月4日，黄彪教授在海韵教学楼504报告厅做题为“Robustness in Process Data Analytics”的“南强学术讲座”；5月

19 日，黄捷教授在海韵教学楼 504 报告厅做题为“Cooperative Control of Multi-agent Systems Based on the Adaptive Distributed Obsever”的“南强学术讲座”；5 月 26 日，姚强教授在海韵教学楼 504 报告厅做题为“面向发动机的湍流燃烧基础研究”的“南强学术讲座”。

2016 年 5 月 19 日，美国辛辛那提大学李杰教授在嘉庚五 101 室做了一场题为“Industry 4.0, Smart Big Data Analytics & Manufacturing Transformation”的“南强学术讲座”；5 月 20 日，丁汉院士在厦大海韵园教学楼 504 室做了一场题为“机器人与智能制造”的“南强学术讲座”。

2016 年 7 月 23—24 日，第十四届 RoboMasters 全国大学生机器人大赛（东部赛区）在厦门大学成功举行，RCS 机器人队荣获赛区第二名。

2016 年 8 月 12 日，由厦门大学航空航天学院举办的凌云讲坛第 25 期在嘉庚四 508 举办，美国辛辛那提大学李杰教授为学院师生带来了题为“Dominant Innovation Methodology for Product and Service Innovation Design”的精彩讲座。

2016 年 9 月 8 日，在嘉庚三 220 会议室召开航空航天学院发展规划研讨会开幕式。会上尤延铖教授、孙道恒教授、吴顺祥教授分别就学院师资与科研管理模式、人才培养管理模式、学科建设与行政管理模式做主题发言，尹泽勇院长就学院发展思路及长远规划做主题报告。

2016 年 10 月 10 日，厦门大学飞行器健康管理技术研究中心揭牌成立。

2016 年 11 月 25—28 日，时任校长助理滕伯刚、航空航天学院党委时任书记洪永强、常务副院长尤延铖率调研团赴哈尔滨、沈阳部分科研院所调研。

2016 年 12 月—2017 年 1 月，航空航天学院院长尹泽勇、党委时任书记洪永强、常务副院长尤延铖率调研团赴株洲、长沙和西安的高校和航空工业集团、中国航发集团的部分科研院所调研。

2017 年，机械设计制造及其自动化专业入选教育部第三批卓越工程师计划。

2017 年，获批“控制科学与工程”一级学科博士点。

2017 年，福建省高端装备智能传感与控制工程研究中心获福建省发展和改革委员会批准建设。

2017 年，厦门大学机电装备技术对接会泉州、厦门专场举办。

2017 年 3 月 6—9 日，厦门大学承办第 21 届国际航天飞机和高超声速系统与技术大会。

2017 年 5 月 5 日，应中国商用飞机有限责任公司邀请，学院党委时任书记洪永强教授、时任副院长孙道恒教授、卿新林教授在上海浦东机场参加 C919 大型客机首飞仪式。

2017 年 6 月 26 日，中国航空发动机集团与厦门大学在北京签署战略合作协议，并召开战略合作委员会第一次会议，学院常务副院长尤延铖教授参加签约仪式。

2017 年 9 月 13 日，先进航空发动机 2011 协同创新中心在北京召开第四次理事会，表决通过增选厦门大学为理事单位，增选学院常务副院长尤延铖教授为协同创新中心理事。

2017 年 10 月 20—22 日，仪器与电气系承办全国高校仪器类专业教学研讨会。

2017 年 11 月 8—10 日，仪器与电气系承办第九届航空航天无损检测国际研讨会。

2018 年，机械制造及其自动化本科专业通过教育部高等教育教学评估中心认证。

2018 年，孙道恒教授带头的微纳结构智能制造团队入选福建省博士生导师团队。

2018 年，机电工程系机械工程学科入选软科学世界一流学科榜单，2019、2020 年又连续入选。

2018 年，学院民机涡轮基组合动力系统、航空航天装备健康管理和微纳制造技术与智能化装备三个方向入选材料与智能制造学科群“双一流”建设规划，高超声速组合动力及特种材料验证项目入选厦门大学校级“双一流”重大项目，共获学校“双一流”建设经费支持 1673.3 万元。

2018 年 1 月 12 日，学院在嘉庚五 101 教室召开首次全院科研工作会议，全院专任教师与工程技术人员代表参加会议。会议由学院党委时任书记洪永强教授主持，时任副院长孙道恒教授做主题为“践行‘旧业维新、后来居上’，努力开创学院科研新局面”的汇报，由尤延铖教授、兰维瑶教授、卿新林教授和孙道恒教授分别对学院 4＋X 发展方向做介绍，表彰航空航天学院 2016 年度“科研先进个人”,何良宗、陈飞、曾景华代表“科研先进个人”做交流分享。

2018 年 4 月 6 日,厦门大学航空航天大楼启用仪式在翔安校区举行。校长张荣,航空航天学院院长尹泽勇院士,“英雄试飞员”“八一勋章”获得者李中华大校,校友、厦门航空工业有限公司副总经理、厦门太古飞机工程公司董事李正林为航空航天大楼揭牌。

2018 年 4 月 6 日,厦门大学聘请李中华为航空航天学院兼职教授。

2018 年 7 月 5—8 日,仪器与电气系承办 2018 远东无损检测新技术论坛。

2018 年 7 月 27 日,“读懂中国,空天报国”系列活动在厦门大学翔安校区举行启动大会。航空航天学院党委向郑保东、黄信安、曾权、蔡建立颁发特邀辅导员聘书。

2018 年 10 月 15 日,仪器与电气系召开第二届飞行器健康管理技术国际研讨会。

2018 年 10 月 27 日,学院携手航空工业昌河飞机工业(集团)有限责任公司开展“空天报国”直升机主题航空日活动。

2019 年,传感技术福建省高等学校重点实验室建成。

2019 年,制造业可持续发展战略与技术福建省高校重点实验室获福建省教育厅批复建设。

2019 年,尤延铖教授牵头的新型先进空天动力团队被认定为福建省专业学位研究生导师团队。

2019 年,测控技术与仪器专业入选国家级一流本科专业,挂牌成立省、市级高校重点实验室。

2019 年,机械设计制造及其自动化专业通过工程教育认证,纳入《华盛顿协议》互认名单。

2019 年 4 月 23 日,由民机涡轮基组合动力团队和北京凌空天行科技有限责任公司共同研制的厦门大学“嘉庚一号”火箭在我国西北部沙漠无人区成功发射,成功完成了空气动力学测试,迈出了我国可重复使用火箭技术发展的重要一步。

2019 年 5 月 6 日,航空航天学院党委二级党校“旗帜工程・党员学堂”第一期开班式举办。

2019 年 6 月,机械设计制造及其自动化顺利通过 2018 年全国工程教育专业认证(全校 4 个)。

2019 年 7 月 19—21 日,第五届中国研究生未来飞行器创新大赛在厦门大学翔安校区举办。

2019 年 9 月 11 日,航空航天学院党委召开“不忘初心、牢记使命”主题教育动员部署会

2019 年 10 月 26 日,第一届中国空间科学大会在厦门开幕,由中国空间科学学会发起并主办、厦门大学承办。

2019 年 10 月 26 日,仪器与电气系承办 2019 年全国电力电子与电力传动学科教学研讨会。

2019 年 10 月 28 日,由民机涡轮基组合动力团队独立设计、研制、生产和试验的“南强一号”无人机首飞成功。

2020 年 1 月 9 日,厦门大学航空维修与工程技术研究中心召开第一次管理委员会暨技术委员会。

2020 年 4 月 28 日,航空航天学院常务副院长尤延铖教授获评第 24 届“中国青年五四奖章”。

2020 年 10 月 4—6 日,原创校史精品话剧《长汀往事》首次公演。

2020 年 11 月,航空航天学院“西人马:中国 MEMS 芯片行业领军者”获得第六届中国国际“互联网+”大学生创新创业大赛全国总决赛亚军、金奖。

2020 年 11 月,航空航天学院获得第十二届“挑战杯”中国大学生创业计划竞赛银奖 2 项、铜奖 2 项。

2020 年 11 月 5 日,航空航天学院“十四五”发展研讨会在翔安校区举行。

2020 年 11 月 18 日,航空航天学院院长尹泽勇院士和院友、兼职教授陈一坚院士获评第十四届航空航天月桂奖“终身奉献奖”。

2020 年 11 月 30 日,航空航天学院第一次党员代表大会召开。

2020 年 12 月,厦门大学“扬才开讲了”第二季——“奋进新时代”主题微党课报告会在翔安校区举行,航空航天学院为承办单位。

2020 年,航空航天学院勇夺校学生工作桂冠,创造历史最好成绩:以全校总积分第一的成绩喜获“学生工作先进单位”(连续第三年获评),并分别以全校单项积分第一的成绩获“日常思想政治教育”(连续第二年获评)、“学生心理健康教育”、“学生学业学术科技创新创业”共 3 项“学生工作特色单位”(获奖数全校第一)。

附录二：部分知名院友录[①]（全国院系调整前）

机电工程学系

院士与重点大学正教授

序号	姓名	入学年级/毕业届别	成长事迹	备注
1	王屏山	1948 届	华南师范学院（现华南师范大学）党委书记、副校长、广东省副省长、政协副主席、中国教育学会副会长	
2	艾　兴	1947 届	中国工程院院士、切削加工和刀具材料专家，山东大学机械工程学院教授、我国切削加工研究领域开拓者之一	
3	朱思明	1946 届	华东理工大学化工机械系教授	
4	苏林翘	1947 届	IEEE Life Fellow、电网理论专家，佐治亚理工学院终身特级教授	
5	杨思文	1946 届	南京工学院（现东南大学）动力工程系教授、工科高等学校工程热物理教材委员会副主委	
6	吴兆汉	1945 届	北京工业学院（现北京理工大学）第三机械系（坦克系）教授、发动机实验室主任、发动机教研室副主任	
7	余长庚	1947 届	南京工学院（现东南大学）机械工程系教授	

① 注：以下表格均按姓氏笔画排序。

续表

序号	姓名	入学年级/毕业届别	成长事迹	备注
8	张美东	1946 届	阜新矿业学院(现辽宁工程技术大学)副校长、机电工程系主任	
9	陈传淡	1947 届	厦门大学数学系教授,厦大计算数学专业奠基人	
10	陈炳南	1947 届	北京邮电学院(现北京邮电大学)无线电工程系教授、无线电技术、无线电通信教研室主任、中国通信学会无线电通信专委会副主委,北邮建校元老	
11	卓忠疆	1945 届	福州大学科研处处长、电气工程系副主任、电机教研室主任	
12	徐秉铮	1946 届	华南工学院(现华南理工大学)无线电工程系主任、自控研究所所长、华南理工大学副校长、国家教委电子与通讯学科组长	
13	黄祖良	1947 届	同济大学物理系教授、物理教研室主任	
14	曹祖庆	1946 届	南京工学院(现东南大学)动力工程系教授、中国电机工程学会火电学会副主委、高等学校热能动力类专业教学委员会副主委,中华人民共和国成立后第一部《汽轮机原理》统编教材编者	

续表

序号	姓名	入学年级/毕业届别	成长事迹	备注
15	葛文勋	1946 届	IEEE Life Fellow、微机电系统专家，凯斯西储大学电机与生物医学工程系教授、微电子实验室主任、国际传感学会主席	

教授级/研究员级高级工程师

序号	姓名	入学年级/毕业届别	成长事迹	备注
1	王凤翔	1946 届	上海木材工业研究所所长兼总工程师、林业部科技委员会特邀委员、《中国农业百科全书》木材工业分支主编、同济大学工业及民用建筑专业毕业生国家考试委员会主席	
2	刘诗华	1946 届	台湾电信总局局长	赴台院友
3	邱守锽	1946 届	邮电部电信总局副总工程师、中国通信学会载波专委会副主委	
4	何寿安	1945 届	中科院物理研究所副所长、高压物理研究室主任、中国物理学会高压物理专委会主任，我国高压物理学与静态高压技术奠基人，推动我国高压技术设备研发	
5	何宜慈	1944 届	台湾新竹科学园区创始人、台湾科委会(现“科技部”)副主委、台湾资讯工业策进会执行长、IEEE 亚太区执委会首位非英语国家委员，台湾电子信息工业重要奠基人	赴台院友

续表

序号	姓名	入学年级/毕业届别	成长事迹	备注
6	沈根才	1946 届	水利电力部副总工程师、办公厅主任、规划小组组长，《中国电力百科全书》主编、中国电机工程学会电力可靠性专委会主委，领导全国电力规划	
7	宋瑞麒	1947 届	邮电部北京设计所（现中国移动设计院）副总工程师、邮电部软件中心负责人	
8	陈玉开	1945 届	台湾电信总局局长、交通事务主管部门常务次长	赴台院友
9	陈希杰	1946 届	台湾电信管理局局长、总工程师	赴台院友
10	陈树勋	1945 届	台湾“中国钢铁公司”副总经理、台炼公司董事长、台湾经济事务主管部门国营事业管理委员会主任委员兼执行长	赴台院友
11	陈俊德	1946 届	台湾“中国钢铁公司”副总经理	赴台院友
12	陈振华	1946 届	台湾电力公司总经理、台湾第一核电厂厂长	赴台院友
13	钮济昌	1946 届	第六机械工业部造机处处长、总工程师，国家科委柴油机组副组长、中国造船工程学会副秘书长、中国内燃机学会副理事长	
14	钱学新	1946 届	铁道部大桥工程局副总工程师、南京长江大桥机械设备总负责人	
15	郭绍生	1944 级	天津市邮电管理局副总工程师	
16	黄征帆	1946 级	广州市水电局总工程师	

航空工程学系

院士与重点大学正教授

序号	姓名	入学年级/毕业届别	成长事迹	备注
1	王人骅	1950 级	北京航空航天大学管理学院教授、管理信息系统教研室主任	
2	王笑天	1948 届	西安交通大学材料工程系教授、中国机械工程学会典型零件热处理专委会主委、常务理事	
3	刘世兴	1951 届	南京航空学院(现南京航空航天大学)动力工程系教授	
4	刘龄德	1949 届	北京航空航天大学管理学院教授	
5	李正修	1949 届	合肥工业大学基础部副主任、固体力学教授	
6	杨岏生	1947 级	南京航空航天大学空气动力学系主任、空气动力研究所所长、中国航空学会空气动力学专业组副主任,南航建校元老、首批博导	
7	忻鼎定	1948 级	北京航空学院(现北京航空航天大学)空气动力学系教授	
8	张许南	1948 届	南京航空学院(现南京航空航天大学)动力工程系工程热物理教授	
9	张启先	1948 届	中国工程院院士、空间机构学家,北京航空航天大学机械工程系教授、机械原理教研室主任、机器人研究所所长、机械传动国家重点实验室学术委员会主任,中国机构学奠基人	

续表

序号	姓名	入学年级/毕业届别	成长事迹	备注
10	陈一坚	1949 级	中国工程院院士、飞机设计师，歼轰—7“飞豹”战机总设计师、西安飞机设计研究所所长兼总设计师，清华大学、北京航空航天大学、西北工业大学兼职教授	
11	陈本柱	1948 级	沈阳航空工业学院（现沈阳航空航天大学）校长、航空工程系主任	
12	陈毓勋	1950 级	南京航空学院（现南京航空航天大学）机械工程系教授、航空宇航制造工程教研室主任	
13	林兆荣	1949 级	南京航空学院（现南京航空航天大学）机械工程系航空宇航制造工程教授	
14	周建功	1949 届	南京航空学院（现南京航空航天大学）飞行器系固体力学教授	
15	周维贤	1950 级	西北工业大学飞行器制造工程系教授	
16	郑光华	1949 级	北京航空航天大学航空发动机系教授	
17	柯敬唐	1950 级	郑州工学院（现郑州大学）数理力学系教授、激光研究室主任、河南省力学学会理事长	
18	聂能光	1948 届	东北大学热能工程系教授	
19	黄　良	1951 级	南京航空航天大学机械工程系主任、飞机制造教研室副主任、哈尔滨工业大学飞机工艺教研室主任	

续表

序号	姓名	入学年级/毕业届别	成长事迹	备注
20	黄俊钦	1948届	北京航空学院(现北京航空航天大学)自动控制系教授、航空仪表与传感器教研室主任、中国航空学会仪表与传感器专委会主任、中国计量测试学会压力计量测试专委会主任、全国敏感元件与传感器大会主席	
21	谢希文	1950届	北京航空航天大学材料科学与工程系教授、中国体视学学会材料及图像分析专委会副主委	
22	熊大章	1949届	长春光学精密机械学院(现长春理工大学)教务长、精密机械仪器系教授	

教授级/研究员级高级工程师

序号	姓名	入学年级/毕业届别	成长事迹	备注
	王南寿	1949届	歼—8原型机总设计师、歼—9战机总设计师、成都飞机设计研究所所长兼总设计师、中国航空研究院副院长、应用力学研究所所长兼总设计师、航空工业部科技局局长	

续表

序号	姓名	入学年级/毕业届别	成长事迹	备注
2	王祖浒	1948 届	航空工业部发动机管理局局长、中国轻型燃气轮机开发中心主任、北京航空学院新机试制指挥部副总指挥	
3	过鲍生	1948 届	台湾高速公路局总工程师	赴台校友
4	刘蝉祯	1950 届	沈阳发动机设计研究所研究员，领导我国首台跨声速风扇、首台压力机试验器、首台航发改制陆用燃气机组研发	
5	何永钧	1949 级	强—5Ⅲ战机总设计师、初教—6二次设计总设计师、洪都航空工业集团副总工程师、设计研究所所长兼总设计师	
6	余景文	1951 届	中国航空技术进出口总公司总工程师	
7	陆家沂	1944 级	民航总局机务工程司副总工程师、副司长	
8	陈恩鸿	1949 届	空军第一研究所总工程师、国家科学技术进步奖航空行业评审组成员	
9	林梦鹤	1949 级	成都飞机设计研究所副总设计师、科技委副主任、歼—7 战机结构强度副总设计师、北京航空航天大学兼职教授	

续表

序号	姓名	入学年级/毕业届别	成长事迹	备注
10	欧学政	1950 级	航空工业部 125 厂副总工程师、微特电机研究所所长、中国电工技术学会永磁电机专业委员会主委	
11	彭腾云	1950 届	空军第 21 厂(现南京金城集团)总工程师、副厂长、全国台联副会长	
12	熊振楠	1948 届	钢铁设计研究总院总结构师	

机械工程学系

院士与重点大学正教授

序号	姓名	入学年级/毕业届别	成长事迹
1	尤泽民	1953 届	南京航空学院(现南京航空航天大学)机械工程系教授
2	李斯特	1952 届	北京化工学院(现北京化工大学)化工机械系副主任、热能动力机械与装置教授、化工部设计院热能设备专业组组长、全国化工专用密封标准技术委员会主委
3	闵桂荣	1952 级	中国科学院院士、中国工程院院士、工程热物理和空间技术专家,中国空间技术研究院院长、“863 计划”航天领域专家委员会首席科学家、我国摄影定位卫星总设计师,两获国家科学技术进步奖特等奖

续表

序号	姓名	入学年级/毕业届别	成长事迹
4	陈大荣	1950 届	上海交通大学船舶动力系教授、发动机强度研究室主任、内燃机实验室主任、国际海事技术会议学术委员会主任
5	陈至达	1948 届	中国矿业大学矿山工程力学教授、力学研究室主任、我国大变形力学理论先驱，矿大工程力学与岩土工程学科奠基人
6	陈军健	1950 级	南京工学院(现东南大学)动力工程系教授
7	陈来九	1952 届	南京工学院(现东南大学)动力工程系主任、热能工程研究所所长、高等学校热能动力类专业教学委员会主委，东南大学电厂热动学科奠基人
8	陈善年	1952 级	南京工学院(现东南大学)动力工程系教授、我国计算传热学创始人之一
9	周曼殊	1952 届	军事工程学院教授、专业教研室副主任、教授会科学秘书、国防科技大学系统工程与数学系教授
10	胡亮光	1952 级	天津大学热能工程系教授
11	钟史明	1951 届	南京工学院(现东南大学)动力工程系教授、热能工程设计院名誉院长、中国电机工程学会技术委员会副主任、东南动力工程公司(现东南大学建筑设计研究院电力设计院)总工程师兼设计所所长
12	俞守勤	1953 届	南京航空航天大学空气动力学系教授
13	郭克强	1950 届	大连工学院(现大连理工大学)机械工程系教授、辽宁省机械工程学会传动学会理事长
14	曹挺杰	1953 届	河海大学水港系、河川系、水电系教授

续表

序号	姓名	入学年级/毕业届别	成长事迹
15	麻启承	1953 届	华东理工大学金属材料教授、金属材料组副主任
16	韩绍辛	1952 级	西安交通大学能源与动力工程系教授

教授级/研究员级高级工程师

序号	姓名	入学年级/毕业届别	成长事迹	备注
1	史习仁	1952 届	上海锅炉厂总工程师	
2	史济智	1949 届	大连重工首任总工程师	
3	杨惕新	1952 届	北京机床研究所副总工程师、北京数控技术开发中心第一副主任	
4	吴子平	1949 届	台湾高雄造船厂总工程师、副总经理	赴台院友
5	陈人庄	1950 届	上海二钢总工程师、总机械师	
6	陈柽育	1952 级	福建省电力工业局总工程师	
7	林达夫	1951 级	内蒙古电业管理局副总工程师	
8	施作沪	1949 届	国家机械工业委员会电器工业局副总工程师、中国机械工程学会动力工程学会水轮机专委会主委、三峡重大装备领导小组办公室副主任，领导建成我国第一个大型水力试验室	
9	施福恩	1952 级	核工业部第二研究设计院总工程师、“863 计划”先进反应堆氦净化技术课题组组长	

续表

序号	姓名	入学年级/毕业届别	成长事迹	备注
10	钱　越	1952 届	海军第四试验区首任司令员	
11	蔡冠平	1952 届	电力规划设计总院专家委员会委员、中国电机工程学会火力发电学会副主委	
12	薛希贵	1951 届	青铜峡电机厂副总工程师、中国水力发电工程学会焊接分会主任	

电机工程学系

院士与重点大学正教授

序号	姓名	入学年级/毕业届别	成长事迹
1	方志成	1953 届	福州大学电气工程系教授
2	朱思明	1946 届	华东理工大学化工机械系教授
3	刘文江	1953 届	西安交通大学信息与控制工程系教授、自动控制教研室主任，我国第一部《工业控制系统》专业教材主编，西安交大自动控制学科奠基人
4	许亚甲	1952 届	上海工业大学（现上海大学）电机工程系主任、计算机系主任、上海高等教育局科研处处长
5	杨福生	1949 届	清华大学电机工程与应用电子技术系教授、中国生物医学工程学会学术委员会主任，清华生医学科奠基人
6	吴国炎	1952 级	浙江大学电机工程系教授
7	吴宗恩	1950 届	广西大学物理系教授、高能物理研究室副主任
8	陈式据	1953 届	哈尔滨船舶工程学院（现哈尔滨工程大学）电子工程系主任

续表

序号	姓名	入学年级/毕业届别	成长事迹
9	陈祖清	1951 届	鞍山钢铁学院(现辽宁科技大学)自动控制系主任、“中国冶金百科丛书”自动控制理论篇副总编
10	林茂庸	1949 届	北京工业学院(现北京理工大学)电子工程系教授、信号与信息处理教研室主任
11	林崇平	1953 届	西北工业大学电子工程系教授、遥控遥测教研室主任
12	郭祥沄	1949 届	南京邮电学院(现南京邮电大学)校长、有线通信工程系主任
13	唐人亨	1949 届	北京邮电学院(现北京邮电大学)研究生部主任、电信工程系主任、有线设备制造、多路通信教研室主任
14	黄汝激	1952 届	北京科技大学信息工程学院教授
15	黄是鹏	1948 级	浙江大学电机工程系教授
16	萧华庭	1952 级	清华大学电子工程系教授、我国第一部《高频电路》教材主编,领导我国无线电远程爆破技术研究
17	阙端麟	1951 届	中国科学院院士、半导体材料专家,浙江大学副校长、材料科学与工程系教授,浙大半导体材料学科奠基人,我国温差电材料与高纯硅制备先驱
18	戴熙杰	1949 届	浙江大学电机工程系教授、电力系统及其自动化教研室主任、电力系统研究室主任、输配电实验室主任、中国电机工程学会输变电专委会副主委,撰写我国第一部直流输电专著

教授级/研究员级高级工程师

序号	姓名	入学年级/毕业届别	成长事迹
1	王其扬	1953 届	上海航天有线电厂厂长、副总工程师，上海航天局工程副总设计师，第八机械工业部科技委员会常委
2	史世平	1953 届	原总参谋部第 63 研究所总工程师
3	庄降祥	1953 届	航天医学工程研究所第六研究室主任
4	许其贞	1953 届	机电部第 710 研究所设计室主任、"武汉光谷之父"
5	苏振泽	1952 级	中国科学院计算中心副主任、副总工程师，科技数据库工程总工程师
6	李　洪	1949 届	邮电部科技情报研究所所长、总工程师，邮电部数据通信技术研究所所长
7	李存模	1949 届	吉林省邮电管理局总工程师
8	杨文才	1952 届	中国电线电缆行业协会电缆附件专委会理事长，领导我国高压电力电缆鉴定试验与大型冲击电压发生器研发
9	连家骅	1952 级	福建省电力试验研究所总工程师
10	吴孟昭	1950 级	华北电业管理局副总工程师、火电处处长，北京电力建设公司经理兼总工程师
11	张元照	1952 届	航天部第一计量测试研究所副所长、副总工程师
12	张德平	1951 届	水电建设总局机电处处长、北京水电勘测设计院机电副总工程师
13	陈明琛	1949 届	广西壮族自治区电力工程局总工程师
14	陈鼎三	1948 届	机械电子部第八设计院副总工程师、中国电工技术学会工业与民用建筑应用专委会名誉主委
15	陈溶年	1950 届	吉林省电力工业局局长、总工程师
16	范志增	1948 届	钢铁设计研究总院能源工程总设计师
17	林玉荣	1952 届	中南电力设计院设计总工程师

续表

序号	姓名	入学年级/毕业届别	成长事迹
18	林仲茂	1952 级	中国声学学会功率超声分会主任委员
19	郑仁贵	1952 届	机械科学研究院自动化研究室主任、机械工业部计算机办公室副主任
20	郑崇伟	1949 届	电子部东北微电子研究所(现中电 47 所)总工程师
21	黄德金	1953 届	华北计算技术研究所副总工程师、研究室主任，中国计算机学会信息存储技术学会副主委，领导我国首台半导体计算机存储器研发
22	龚公岐	1952 届	中国电工设备总公司副总工程师、发电设备部经理，第一机械工业部电工局电部处处长
23	梁泰平	1953 届	上海有线电厂厂长、航天工业部第 804 研究所所长
24	蒋同泽	1948 级	原总参谋部通信研究所副总工程师、副所长、总参第 62 研究所总工程师、原总参谋部通信部科技委员会副主任、中国第一部移动通信教材主编，解放军野战通信研究带头人
25	舒正芳	1948 届	大连机车车辆厂副总工程师
26	谢　羲	1950 届	核工业部研究生部副主任，中国原子能科学研究院加速器物理专业教授，清华大学工程物理系、北京大学技术物理系兼职教授

附录三：杰出院友风采[①]

王南寿

1924 年生，浙江诸暨人，1949 年毕业于厦门大学航空工程学系。历任福州航空站技术员，空军工程部副科长，空军第一研究所研究室副主任，中国航空研究院飞机设计所研究室主任、应用力学研究所所长兼总设计师、副院长，成都飞机设计研究所首任所长，航空工业部科技局局长、科技委员会副主任、高级工程师，中国航空学会第二届理事、第三届常务理事兼秘书长，中国空气动力学研究会第一届副会长、第二届常务理事，国际航空科学会（ICAS）中国理事，国家科学技术进步奖评委，我国自行设计制造的高空高速歼击机的主要技术负责人之一。

王祖浒

（1925—2015），浙江诸暨人，1948 年毕业于厦门大学航空工程学系。中国航空工业部发动机管理局局长、中国轻型燃汽机开发中心主任。1950 年任南京空军 21 厂技术员，1975 年任北京航院新机试制指挥部副总指挥。1978 年牵头负责组织编号为无侦－5 的发动机试制、施工及协调工作，为我国早期高空无人机发动机应用提供了宝贵经验。

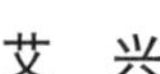

艾　兴

（1924—2018），江西东乡人，切削加工和刀具材料专家、教育家，中国切削加工研究领域的开拓者之一，中国工程院院士，山东大学机械工程学院教授、博士生导师。1947 年从厦门大学毕业后留校任教，先后担任厦门大学机械工程学系助教、讲师；1953 年进入山东工学院工作，先后担任副教授、教授；1999 年当选为中国工程院院士；2001 年被聘为江苏大学兼职教授。我国切削加工研究领域开拓者之一，首创融合切削学与陶瓷学于一体的陶瓷刀具研究和设

---

① 注：按姓氏笔画排序。

计的理论新体系，先后开发成功 6 种陶瓷刀具，其中 3 种属国际首创。创建了超声与断续磨——间隙脉冲放电复合加工理论和技术，开发了专用直流电源和砂轮，研制了专用数控机床，首创了复杂表面分解重构理论，开发了相应软件系统。获国家发明奖和省部级科学技术进步奖 10 项、国家级优秀教学成果奖 1 项、国家级和部级优秀教材奖各 1 项、专利 7 项，发表论文 360 余篇，撰写教材和著作 9 种。

苏林华

1927 年生，福建古田人。1944 年保送至厦门大学机电工程学系，1948 年获工学学士学位，先后在台湾、巴拿马、菲律宾、美国、沙特阿拉伯、大陆等地水泥界服务。1990 年 1 月至 2006 年 10 月应聘到泰国建世界级大水泥厂，担任石油宝麟公司资深副总兼水泥厂厂长，2006 年 11 月起改任顾问。出版著作《苏林华文集》《共饮长江水》《雨雪霏霏集》。现任厦门大学萨本栋教育科研基金会董事、厦门大学美洲校友会汪德耀生命科学奖学金董事会名誉顾问等职。

苏林翘

1926 年生，福建古田人。1947 年毕业于厦门大学机电工程学系，物理学电子学家、国际电网理论专家、美国佐治亚理工学院特级教授。1948 年赴美国留学，1954 年获美国佐治亚理工学院电机工程系博士学位，毕业后留校任教；1970 年升任该校最高学术职位特级教授。已发表学术论文 70 多篇、出版专著 6 种。1965 年所出版的 *Active Network Synthesls* 一书，是当时有源电网合成新知识的大总汇，被全球 30 多所大学研究院选用为教材。在有源滤波器和集成电路滤波器的研究领域取得突破，被学术界公认为国际电网理论的泰斗。

杨峠生

(1928—2020)，福建福州人。1951 年毕业于厦门大学航空工程学系，同年 12 月调至南京航空专科学校(南京航

空航天大学前身)任教。南京航空航天大学空气动力学系教授、我国首批博士研究生导师,享受政府特殊津贴。长期从事空气动力学的教学和理论研究工作,曾任中国航空学会空气动力学专业组副主任,《航空学报》、《空气动力学报》编委,《中国大百科全书·航空航天卷》飞行原理分册副主编。

何宜慈

(1921—2003),福建三明人。1940 年考入厦门大学物理系,1944 年毕业留母校任教,1956 年在斯坦福大学攻读硕士和博士学位。曾担任美国 IBM 公司纽约州 EastFishkill 实验室顾问工程师,科研成果获得 36 项美国专利。1979 年担任台湾"科学委员会副主任委员",负责新竹科学园区的筹建,并兼园区管理局第一局长,其间曾兼任台湾资讯工业促进会(资策会)执行长。1988 年资策会与 IBM 公司合作投资成立宏慧科技公司(后改名宏腾),从事软硬件开发业务。

闵桂荣

1933 年生,福建莆田人。工程热物理学及空间技术专家,中国科学院院士,中国工程院院士,国际宇航科学院院士,中国空间技术研究院研究员、博士生导师、顾问。1952 年考入厦门大学工学院机械工程学系,之后因院系调整转入南京工学院学习;1963 年,苏联科学院动力研究所研究生毕业后回到中国,被分配到中国科学院力学研究所工作,历任中国空间技术研究院院长、卫星总设计师、国家"863 计划"航天领域专家委员会首席科学家等职,现任中国空间技术研究院技术顾问。1975 年担任卫星总体部领导职务,负责返回式卫星总体设计工作;1985 年被任命为中国空间技术研究院院长;1986 年被评为国家有突出贡献专家;1990 年以第一完成人身份获得国家科学技术进步奖特等奖;1991 年当选为中国科学院学部委员;1992 年当选为国际宇航科学院院士;1993 年被委任为国家"863 计划"航天领域专家委员会首席科学家;1994 年当选为首批中国工程院院士;1996 年获得何梁何利基金科学与技术进步奖;2001 年获得国家"863 计划"突出贡献奖。长期从事空间技术的研究和发展工作。在航天器热控制方面，负责完成了我国多种人造卫星的热控制任务，并在航天器热控制理论、方法和技术方面做出系统和创造性的成就。作为主要技术负责人之一，领导完成了我国第一颗人造卫星和多颗返回式卫星的研制及飞行工作。曾两次获国家科技进步奖特等奖、领导“863 计划”航天领域工作获突出贡献奖，共发表论文 70 余篇、出版专著 4 种。

张启先

(1925—2002)，江苏靖江人。1948 年毕业于厦门大学航空工程学系，留校任教。历任清华大学航空学院讲师、北京航空航天大学教授、博士生导师，机械原理教研室主任、机器人研究所所长和名誉所长，兼任上海交通大学等多所国内著名大学兼职教授。1995 年当选为中国工程院院士。我国空间机构学及机器人技术专家、航空教育家，中国空间机构研究的开拓者之一，在空间机构学和机器人技术领域取得了开创性与突破性成果。

陆家沂

1926 年生，广东新会人。1948 年毕业于厦门大学航空工程学系，曾参加“两航”起义。1950—1980 年，在中国民航总局任技术员、工程师、高级工程师。先后在广州、武汉、北京、兰州等地工作。1953 年被中国民航局授予三等功奖励，1995 年在民航局获评全国先进工作者。1980—1987 年升任民航适航司副总工程师、副司长，1987—1992 年任中国常驻加拿大国际民航组织航行委员会委员、副代表。

陈　纯

1955 年生，浙江象山人。1982 年毕业于厦门大学数学系，1990 年获浙江大学计算机应用专业博士学位。曾任浙江大学计算机科学与技术学院院长、浙江大学软件学院院长，现为浙江大学计算机科学与技术学院教授、国家数码喷印工程技术研究中心首席科学家、国家列车智能化工程技术研究中心主任、国务院学位委员会学科评议组成员。2015 年当选为中国工程院院士。

陈一坚

1930 年生,福建福州人。FBC—1(飞豹)歼击轰炸机总设计师、飞机设计专家、中国工程院院士、中国航空工业集团有限公司科技委顾问,被誉为中国飞豹之父,曾任厦门大学航空航天学院兼职教授。1949 年进入厦门大学航空工程学系;1952 年从清华大学航空系毕业后被分配到哈尔滨飞机制造厂;1956 年加入了中国共产党;1964 年调到西安飞机设计研究所;1980 年被航空工业部任命为西安飞机设计研究所副所长兼总设计师;1982 年被任命为“飞豹”(歼轰—7)飞机型号总设计师;1986 年担任航空航天工业部飞机设计顾问;1989 年担任北京航空航天大学兼职教授;1999 年当选为中国工程院院士;2000 年获得何梁何利基金科学与技术进步奖;2001 年担任西北工业大学教授、博士生导师,主持参加多个型号飞机的设计和研制。作为某型号飞机总设计师,达到国家要求的战术技术指标,并组织几十个厂(所)成功完成了研制任务,填补中国此机型的空白。

陈本美

1963 年生,福建福清人。1979 年考入厦门大学数学系,1991 年获美国华盛顿州立大学电子与计算机工程博士学位,1992—1993 年担任纽约州立大学石溪分校电子工程系助理教授,1993 年加入新加坡国立大学电子与计算机工程系,现为香港中文大学机械与自动化工程学系教授。由于其在系统与控制理论方面的杰出贡献,于 2007 年被选为 IEEE Fellow(国际电气电子工程师协会会士)。在 *IEEE Transactions*、*Automatica* 和 *Systems &Control Letters* 等重要控制学术刊物上发表论文 100 余篇,出版专著 8 部。现为 *Unmanned Systems* 主编,曾任 *IEEE Transactions on Automatic Control*、*Automatica* 和 *Systems & Control Letters* 等著名国际期刊的编委。

陈传淡

(1922—2012),福建长乐人。1947 年毕业于厦门大学机电工程学系,1950 年获浙江大学数学研究所几何专门化专业硕士学位。1950 至 1956 年在大连理工大学任教,1956 年起在厦门大学数学系工作,历任讲师、副教授,1987 年起任教授。1957 年加入农工民主党,1987 年加入中国共产党,1991 年被评为厦门大学优秀共产党员。曾任厦门市思明区人大代表,列入 1990 年和 1994 年第九版、第十版世界数学家名录,并于 1995 年被列入第 24 版英国剑桥传记中心名人录,同年被选入英国剑桥传记中心研究部顾问委员会委员及美国传记协会研究部顾问。

陈溶年

(1927—2018),福建永定人。1950 年毕业于厦门大学电机工程学系,1988 年毕业于中国书画函授大学。教授级高级工程师,曾任辽源发电厂、电业局技术员、工程师、总工程师办公室主任,四平电业局副总工程师、主持生产技术工作,吉林省电力局副总工程师、副局长。曾任吉林电力职工大学校长、长山电厂扩建工程总指挥。曾任吉林省科协委员、电机工程学会副理事长。长期从事电业工作和研究,发表电力发展规划、城网农网建设和改造等论文 30 余篇。曾获东北电网特殊津贴、国务院政府特殊津贴,吉林省委省政府吉林英才奖章。晚年学书法、篆刻、诗词,曾任吉林电力文协主席、东北电力文协副主席,北国书画社名誉理事,电力诗词学会、中华诗词学会会员,吉林省书协会员,白山印社社员。

邵建寅

1926 年生,菲律宾著名华侨实业家、教育家,主要著作有《中正五年——愚者一得集》《天人有爱——行云流水集》等。1943 年保送至厦门大学电机工程学系,师从厦门大学时任校长萨本栋教授,1947 年毕业后留校任教。两年后,南渡菲律宾,在圣多玛尔大学获数学硕士学位。20 世纪 50 年代在菲律宾企业界身兼数职,后出任中正学院院长,发展海外华文教育。曾担任厦门大学菲律宾校友会理事长,受聘为厦门大学、山东大学、福建师范大学客座教授，荣获厦门市“荣誉市民”、福建省“友谊奖”等称号。

林宗利

1964年生，福建福清人。1983年毕业于厦门大学数学系，主要从事非线性控制理论和控制理论应用方面的工作。美国弗吉尼亚大学电机与计算机系教授，教育部“长江学者奖励计划”讲座教授，IEEE Fellow（国际电气电子工程师协会会士）。曾任IEEE控制系统学会的学术会议编委会编委和IEEE自动控制会刊（*IEEE Transactions on Automatic Control*）编委。现任*Automatica*编委、*IEEE Control Systems Magazine*通讯编辑、IEEE非线性控制系统技术委员会委员及该委员会所属带约束控制系统工作组组长。

周咏棠

1923年生，浙江宁波人。1948年毕业于厦门大学机电工程学系，现为厦门大学台湾校友会理事长。先在上海中央电工器材厂实习，后任嘉义市台湾油厂主任、厂长、副总经理。1959年应聘台北市好来化工公司厂长、副总经理，研制“黑人牙膏”。1978年兼任伸丰软管公司总经理。随后被聘为当时全球最大的牙膏公司——美国高露洁棕榄公司副总经理，担任管理咨询工作，成为台湾著名的食品、保健品企业家。

钱学新

1922年生，江西景德镇人。1946年毕业于厦门大学机电工程学系，同年6月到前粤汉铁路工作。1953年4月奉调武汉长江大桥工程局，参加武汉长江大桥建设，历任机械设备科科长、机械经租站站长、总工程师。1979年调任中铁大桥局副总工程师、高级顾问。

黄　辉

1962年生，福建宁德人。1982年毕业于厦门大学计算机系，先后获得西德波恩大学应用数学、计算机科学硕士学位和应用数学博士学位。曾担任毕马威管理咨询公司全球执行副总裁、著名民营企业均瑶集团首席执行官、国际私募股权公司矢光投资有限公司董事长等高管职位，现任德国电信全球副总裁兼大中华区总裁、厦门大学上海校友会会长。

黄俊钦

(1925—2014)，广东兴宁人。1948年毕业于厦门大学航空工程学系，先后在厦门大学、清华大学、北京航空航天大学任教。在无人驾驶飞机全盘自动化飞行控制、多种传感器的动态校准方法与多种建模方法、多种随机信号处理方法、电网微机监控与调度自动化、现代航空航天仪表、图形测量学等领域做了大量深入研究工作。获得国家技术发明奖四等奖一项、部级科技进步奖三项。在国际、国内测控及仪器仪表领域享有崇高威望。曾作为大会主席、副主席多次主持国际、国内有影响力的重要学术会议。发表学术论文90多篇、出版学术专著和教材9部，其中《随机信号处理》获国家教委优秀学术专著优秀奖，《测试系统动力学》获国家出版总署优秀科技图书二等奖、教育部优秀科技图书二等奖。

曹祖庆

1924年生，江苏高邮人。1946年毕业于厦门大学机械工程学系，1951年获南京大学机械工学硕士学位。历任东南大学讲师、副教授、教授，国务院学位委员会第二届学科评议组成员，九三学社社员。长期从事汽轮机运行特性、数学模型的教学与研究。主编的《汽轮机原理》获电力部一等奖、国家教委二等奖，为全国热能动力动态学理论奠定基础。

葛文勋

(1923—2017),福建上杭人。1946 年毕业于厦门大学机电工程学系,后分别于 1956 年和 1959 年在美国俄亥俄州克里夫兰的凯斯理工学院获得硕士和博士学位。分别于 1959 年、1962 年和 1967 年在美国俄亥俄州克里夫兰的凯斯西储大学担任电机与生物医学工程的助理教授、副教授和教授。1993 年 7 月被授予 CWR 大学电机工程学荣誉退休教授。国际知名的微电子专家,曾任第一、二届国际传感学会主席,在美国国家卫生研究院(NIH),太空总署(NASA)、IBM 等单位担任顾问。作为微电子技术发展生物医疗设备的先驱者,建立了世界上第一个长期稳定压阻式医疗传感器和实用性注入人体传感器,发明了第一个植入人体的集成压力传感芯片。1997 年在美国芝加哥的“97 国际换能器学术会议”上被授予职业成就奖。主持建立美洲校友会教育基金会并亲自兼任教育基金会主任多年,积极拓宽募捐渠道助力学校发展。1998 年,作为倡议发起人之一筹建了厦门大学萨本栋微机电研究中心,并在海外发起成立萨本栋教育科研基金会,校庆捐资五万美元在学校设立“葛文海、洪葛文杏”奖学金。

谢希文

1929 年生,福建晋江人。1950 年毕业于厦门大学航空工程学系,后留校任教。1951 年 2 月任清华大学航空学院助教,1952 年 10 月后一直在北京航空航天大学任教,现任北京航空航天大学教授、博士生导师,航空航天部航空理化检验认证评审委员会第一届委员,航空部航空物理冶金检验人员资格鉴定委员会副主任。我国知名金属材料科学家,长期从事物理冶金学方面的教学和科研工作,出版专著 10 部。1990 年被国家教委授予“从事高校科研工作 40 周年成绩显著”荣誉证书。

阙端麟

(1928—2014),福建福州人。中国半导体材料专家,1991当选中国科学院学部委员(院士)。1984年加入九三学社,九三学社第八届中央委员会委员,第九、十届中央委员会常委。1951年毕业于厦门大学电机工程学系,毕业后留校任教。1953年调浙江大学工作,1954年晋升为讲师,1978年晋升为副教授,1981年晋升为教授。曾先后任浙江大学电机系实验室主任、无线电系半导体材料与器件教研室副主任、材料科学与工程系副主任、半导体材料研究室主任、半导体材料研究所所长、浙江大学副校长、校务委员会副主任、浙江省政协副主席、浙江省科协主席等职。国内较早开始半导体材料探索的研究者之一。1964年在国内首先用硅烷法制成纯硅,完成高纯硅烷及多晶硅生产成套技术在国内的推广,是我国20多年来生产高纯硅烷的主要方法,该成果于1980年获国家技术发明奖三等奖,后取得高阻探测器级硅单晶。研究发展的单色红外光电导衰减硅少子寿命测试仪,1988年获国家技术发明奖三等奖。研究成功减压充氮直拉硅单晶技术,取得中国发明专利7项,于1989年获国家技术发明奖二等奖。

附录四:优秀院友风采[①]

申凌龙

1975年生,湖南津市人。1997年毕业于厦门大学飞机维修工程专业,2012年获华侨大学MBA硕士学位。厦门大学毕业后加入厦门太古飞机工程有限公司,相继获香港民航局颁发的全航电工程师维修执照(Full B2)、全机身工程师维修执照(Full B1),并于2007—2009年通过香港特区政府的“优秀人才引进计划”,作为资深的飞机维修授权工程师及项目控制专员加入香港飞机工程有限公司。曾任

① 注:按姓氏笔画排序。

晋江邓禄普太古飞机轮胎有限公司(英资公司)总经理,现任厦门霍尼韦尔太古宇航有限公司(美资公司)总经理。长期从事民用航空 MRO 及航空零部件维修相关领域工作,涉及航空技术(民用航空航天的零部件维修)类的生产、质量、精益管理,在生产运作、团队管理与发展、变革管理以及冲突管理上具有丰富经验,擅长运营体系(人才培养、流程管控、精益生产)的建设及企业发展战略规划。

孙振东

1968 年生,山东枣庄人,教授、博士生导师,国家杰出青年科学基金获得者。1990 年,本科毕业于青岛海洋大学应用数学系;1993 年,硕士毕业于厦门大学系统科学系;1996 年,博士毕业于北京航空航天大学第七研究室;1996—1998 年在清华大学自动化系从事博士后研究;1998—2002 年任北京航空航天大学理学院副教授,其间曾分别在新加坡国立大学(NUS)及澳洲新南威尔士大学(UNSW)进修一年,任研究合伙人;2002－2005 年受聘于爱尔兰国立大学梅努斯分校(NUIM)哈密尔顿研究所,任资深研究合伙人;2005 年加入华南理工大学自动化学院,任教授,2006 年被批准为博士生导师;2012 年起任中国科学院数学与系统科学研究院研究员。致力于复杂动态系统的混合控制设计、面向生物医学工程应用的微纳传感控制、多智能体系统的自主控制与协同优化。以第一作者完成 Spring 公司出版的学术专著 2 部,在国际学术期刊发表学术论文 25 篇,其中 20 篇发表在 *IEEE Transactions on Automatic Control* 及 *Automatica* 上,曾任 *IEEE Transactions on Automatic Control* 等著名国际期刊编委。

李　武

1971 年生,河南沁阳人。加拿大温莎大学 Odette 商学院管理科学教授。1991 年获厦门大学控制科学理学学士学位,1994 年获厦门大学系统工程工学硕士学位,2003 年获加拿大滑铁卢大学系统设计工程工学博士学位。2011 年 6—12 月和 2015 年 5—7 月由日本学术振兴会外籍聘用研究员项目资助到东京工业大学价值与决策科学系进行访问研究。主要研究方向包括供应链管理、决策理论与方法以及冲突分析等。其研究获得三项加拿大自然科学与工程研究基金会发现基金项目的支持，同时也多次得到教育部春晖计划短期项目支持。

李正林

1981年生，山东泰安人。厦门大学飞机工程专业2005届本科生，现任厦门航空工业有限公司常务副总经理、厦门太古飞机工程有限公司副董事长。长期负责航空园区招商引资及基础设施建设工作，提出航空全产业链分工与布局、企业组织架构调整、人才支撑等方面的新路径，实现了产业园区"物业"管理者向园区运营服务商的转变、由简单的项目招商向参与主导产业布局的转变。其所负责的厦门航空工业区已成为全国最大、世界前三的"一站式"航空维修基地。

李智斌

1965年生，四川巴中人。1987年获厦门大学计算机与系统科学系控制理论专业学士学位，1997年获中国空间技术研究院自动控制理论及应用专业硕士学位，2003年获清华大学工程力学系一般力学专业博士学位。曾任北京控制工程研究所助理工程师、工程师、高级工程师、研究员，中国空间技术研究院空间智能自主控制及临近空间飞行器学术技术带头人，中国科学院二级研究员、浮空器系统研究与发展中心控制与电子学方向学术技术带头人；现任山东科技大学教授。先后从事空间智能机器人控制及可靠性、空间交会对接、空间站、复杂卫星智能自适应控制、临近空间高超声速飞行器及浮空器控制与航电系统研究设计工作，曾获得中国智能自动化学术会议钟士模奖、航天工业总公司科学技术进步一等奖等多项奖励，授权中国专利15项以上、授权美国专利1项，已发表学术论文(著)100余篇。作为项目负责人，主持国家自然科学基金重点项目1项，完成"863计划"、"973计划"、国家自然科学基金重点项目等20多项。兼任中国自动化学会智能自动化、导航制导控制、技术过程的故障诊断与安全性等专业委员会委员及国家自然科学基金项目会评专家，IEEE国际性学术会议2019 CAA Symposium on Fault Detection, Supervision and Safety for Technical Processes(技术过程的故障诊断与安全性学术会议)程序委员会主席。

连锦泉

1968年生，福建同安人。1990年毕业于厦门大学计算机科学系系统工程专业，后在厦门大学攻读工商管理硕士（MBA）和金融学博士，2002年在美国纽约保险学院研修现代保险企业经营管理。现任中国人民财产保险股份有限公司首席经济学家、金融学博士、高级经济师，厦门大学兼职教授和校外硕士生导师，中国保险学会理事、澳新保险学会会员。拥有近30年保险从业经验，在保险公司战略研究、运营管理、经营企划等领域有着深厚的理论功底和丰富的实践经验。负责主持保监会“保险发展与监管顶层设计”“保险机制服务国家治理现代化”“保险在国家精准扶贫中的功能作用研究”“保险服务实体经济方式及路径研究”等重大部级课题，出版《保险机制服务国家治理现代化——建设保险型社会助推全面深化改革》等专著，在《保险研究》等刊物上发表多篇文章。

卓　妤

女，1979年生，福建平潭人。2000年毕业于厦门大学飞机维修工程专业，2015年获中国民航大学MBA硕士学位。2017年获“天津青年五四奖章”，天津市第十六届、第十七届人大代表。现任空中客车（天津）飞机交付中心有限公司交付运营负责人。毕业后长期从事民航相关产业工作，立足于航空制造产业发展格局，研究德国工业4.0技术的发展运用，不断创新推进工业技术升级和工业制造智能化。在空客天津A320总装项目期间，作为唯一的女性工程师被首批派往欧洲学习，归国后完成诸多试飞技术攻关，成为唯一在生产制造一线接任国外专家的女性管理者。

周　振

1969年生，福建宁德人。厦门大学1987级科学仪器工程系学士，厦门大学1991级科学仪器与精密机械系硕士，厦门大学分析化学、德国吉森大学应用物理双博士。现任广州禾信仪器股份有限公司董事长，暨南大学质谱仪器与大气环境研究所所长、博士生导师。主要从事质谱仪器技术及其相关技术的研究工作，包括多种离子源、多种真空接口、多种质谱分析器以及整机系统化等。第十三届广州政协委员、国务院政府特殊津贴专家、“百千万人才工程”国家级人选、国家人才推进计划一重点领域创新团队带头人、2019 年全国五一劳动奖章获得者，2020 年获“全国劳动模范”称号。主持国家“863 计划”、国家科学仪器重大专项、广东省科技攻关重点项目等，授权发明专利约 30 项、发表科技论文 140 余篇。

赵丹阳

1972 年生，陕西合阳人。1994 年毕业于厦门大学自动化系，获系统工程学士学位。同年出国，从事投资和贸易，1996 年进入国内证券业，从事风险投资。后加盟国泰君安（香港）公司，负责管理客户委托的资产，被称为“私募教父”。

祝舍明

1976 年生，浙江金华人。1997 年毕业于厦门大学飞机维修工程专业，2006 年毕业于加拿大皇家路大学获 EMBA 硕士学位。分别在香港飞机工程有限公司、德国 MTU 航空发动机集团公司和美国波音飞机集团公司旗下企业从事工程技术与企业管理工作。2012 年带领团队创办上海郝通航空科技股份公司，该公司先后取得欧洲航空安全局授权的设计（EASA DOA）和持续适航管理资质（EASA CAMO），成为国内该领域的技术领先者和行业的领头羊。2017 年 1 月，郝通公司在全国新三板交易平台（股票代码 870741 ）正式挂牌成功。2017 年后，郝通公司在爱尔兰、新加坡和香港成立子公司，成为一家从事航空工程技术服务的国际性集团企业，历任集团公司董事长。

聂泳忠

1976 年生，江西丰城人。2009 年考入厦门大学机电工程系测试计量技术及仪器专业，2016 年 6 月获测试计量技术及仪器专业工学博士学位、教授级高级工程师。现任西人马联合测控（泉州）科技有限公司董事长，曾任 MEGGITT 有限公司技术负责人，负责波音 787、空客 A380 Trent900 、Trent1000 部分发动机传感器的研制。长期从事芯片和传感器产品的研发设计工作，精于各种振动和冲击类加速度和速度传感器、压力传感器、位移传感器、IMU、激光雷达、量子传

感器及以上各类传感器测试校准系统的研发。率先在国际上提出利用多层复合高温层状材料通过热曲线耦合补偿温漂的理论，从而使得高温传感器温漂从±18%降低至±1.5%以内。

专注于极端环境下的智能化解决方案，包括应用于民用航空航天发动机传感器的研发与制造。目前已取得 200 余项专利成果，其中包括 100 余项国际发明专利。2012 年 6 月入选厦门市“双百人才”计划 A 类项目，2013 年 4 月入选“2012 年创新人才推进计划—科技创新创业人才”，2018 年获得“第六届福建省优秀科技工作者”称号，2020 年获得第六届中国国际“互联网＋”大学生创新创业大赛亚军、金奖。

后 记

自强不息迎百年，师生欢欣笑开颜；止于至善编院史，学院倾力耕桑田。编撰一部可信、可读、可传承的院史，是航空航天学院为厦门大学百年华诞的献礼。我们怀着感恩崇敬之心，缅怀校主陈嘉庚先生倾资助学兴办厦门大学的伟大精神，致敬故校长萨本栋教授勠力开创航空事业的丰功伟绩，并向八十多年来呕心沥血、辛勤耕耘的各位前辈老师和广大学长校友表示最崇高的敬意！

学院成立院史编委会，邀请离退休教工担任顾问，由院领导牵头，学院办公室、团委、各系组建编撰队伍。学院成立撰稿工作组，负责前期资料收集、整理、甄选、分类、归档、初编，以及后期修改润色工作。为确保院史保质保量如期完稿，相关文字、图片、数据等信息截至 2020 年 12 月。诸多校友、师生贡献良多，限于篇幅无法一一列举，在此一并表达衷心感谢。

百年厦大、世纪荣光，八十辉煌、空天自强。我们通晓，旧业维新的八十年航空航天高等教育艰辛不易；我们祝愿，后来居上的新时代航空航天学院事业蒸蒸日上。厦门大学航空航天学院各系（中心）经历分分合合、合合分分，路畅不迷茫。八十余年办学中涉及的重大历史事件和重要历史人物丰富多彩，编撰时间则相对仓促，部分资料文献散失、零乱，无法完全找齐、理清。单靠文献记叙为源、为本，没有亲历、亲述，难免挂一漏万，还可能存在有待商榷的地方。特别圄于能力水平、限于篇幅，我们有时不得不忍痛割爱，遗漏差错恐在所难免。对此我们深表歉意，还望各位前辈、师长、同仁、校友及广大读者海涵，并不吝赐教。

《厦门大学航空航天学院院史》编委会

2020 年 12 月